空気を読んではいけない

青木真也

幻冬舎文庫

空気を読んではいけない

はじめに

「ウチは大丈夫」

僕も、そう思っていた時期がある。

業界では世界の最大手。給料も良いし、仕事としての華やかさもある。格闘家として活動する上での条件は、まさに文句のつけどころがないものだった。

僕自身も怖《こわ》いもの知らずで、かなりイケイケ。勢いに任せて突っ走っていた。総合格闘技の「PRIDE」というノリに乗っていた団体に所属し、右肩上がりの成長と好景気を肌で感じていた。これが一生続くと信じて疑わなかった。


ところが、会社はあっという間になくなった。バブルが弾《はじ》けたのだ。

僕は2006年から、総合格闘技のプロファイター一本で活動している。かつては日本の団体「PRIDE」と「DREAM」に所属していたが、2012年からはシンガポールに拠点がある格闘技団体「ONE Fighting Championshi p」(ONE FC)に参戦し、今は世界ライト級王者として戦っている。

総合格闘技はその名の通り、目潰しや金的攻撃、頭突きといった行為を除けば、「何でもアリ」。立ち技での打撃や寝技といった、ありとあらゆる格闘技術を駆使して戦う競技となっている。

日本では人気選手の台頭やその残虐性も相まって、2000年代に多くの熱狂的なファンを生み出し、かなりの隆盛を誇った。僕自身、世界最高峰だった「PRIDE」に参戦していた当時は、プロデビューして間もない頃にもかかわらず高待遇での契約を結べていたものだ。今でこそ、バブルだったと振り返ることはできるが、当時はそんなことは露ほども思っていなかった。何しろ、十数年前の格闘技界はすべてにおいて規格外だった。新時代のエンターテインメントとして、圧倒的な存在感を放っていたのだ。

時は、2003年の大みそか。民放3局が格闘技の試合を地上波中継するという、「大みそか格闘技戦争」が勃発した。中でも、大相撲の元横綱であった曙がボブ・サップと対戦した試合では、43・0％の瞬間最高視聴率を記録。テレビの歴史上はじめて、同時間帯に放送されている紅白歌合戦の視聴率を上回ったのだ。

〝紅白超え〟の事実は、日本の老若男女に格闘技が受け入れられたことを証明していた。

実際、総合格闘技の興行を打てばどの会場も観客で埋まり、雑誌では、格闘技特集が多く組まれ、テレビのゴールデンタイムに放送をすれば、軒並み高視聴率を叩《たた》き出していたほどだ。

僕は大学時代からリングに上がり、「修斗」という団体のチャンピオンになりながらも、格闘技一本では食ってはいけないことを悟り、卒業後には警察官として就職していた。しかし、これらの格闘技の大きな波を感じたから、安定した公務員の職をなげうち、2006年に再び格闘技界に飛び込む決心をしたのだ。

だが、状況はすぐに暗転した。僕が契約していた「PRIDE」は業界トップで潰れることはないと思っていたが、テレビの地上波放送の契約がなくなると、資金繰りが一気に悪化していった。2007年にアメリカ資本に買収されると、以降は試合の開催がなくなり、そのまま消滅してしまったのだ。

毎月、当たり前だと思っていた給料も振り込まれることはなくなった。血気盛んに「何でもやってやるよ」と息巻いていたにもかかわらず、1年足らずで働く場所がなくなってしまったわけだ。

読みが甘かったと言えばそれまでだが、格闘技界を襲ったバブル後の世界は凄《すさ》まじかった。団体は旗揚げされては消え、旗揚げされては消えを繰り返し、業界全体が疲弊していく一方、ファイトマネーは底なしの下落が続き、選手たちも消耗していくばかり。出口の見えない負のスパイラルは、今もなお続いている。

ちなみにだが、僕が格闘技界に身を投じたのは、業界が好景気に沸いていた末期にあたる。結局、僕はバブル景気の恩恵をほとんど受けることができなかった。時代に恵まれていなかった。

しかし、それ以上に恵まれなかったのは、選手としての才能だ。

中学の柔道部では補欠。指導者からは見放され、手厚い指導を受けた記憶はない。身体能力もアスリートとしては並以下。ジムでトレーニングしていても僕より基礎体力がある選手の方が多い。

自分がいかに恵まれない境遇にいたかを書き連ねることになってしまったが、僕は同情が欲しいわけではない。不幸自慢でも、もちろんない。

僕がプロファイターとして活動をはじめてから、早くも10年が経った。その間に、主戦場としていた団体は2つなくなり、僕より才能があった多くの選手は食っていくことができずに引退していった。

そんな中、僕は「ONE FC」という団体の世界チャンピオンにまで上り詰め、ファイトマネーもアジア最高額にまで上昇している。

なぜ、運も才能も持たざるものだった僕がトップの格闘家でいられるか。自分なりに幸せに生きられているか。

この本では、その理由をひとつひとつ書いていく。きっとどんな仕事をしている人にとっても何かを成し遂げる上でのヒントになると思う。

最初に、簡単に言ってしまえば、「徹底的に空気を読まない」ということになる。周りから見たら、イタいこと、異常なこと、理解できないようなことでも、自分がやりたいようにやる。凡人が空気を読んでしまったら、本当に「空気」になってしまう。「空気」は果たして幸せだろうか？　何かを達成できるだろうか？

この本では、僕が「どのように、空気を読まずに生きているか」を知っていただければと考えている。

ただ、僕は自分のやり方を押し付けようとは思わないし、そもそも僕の生き方が誰にでも当てはまるとは全く思っていない。

僕としては、「こんな生き方もあるんだ」と、新しい価値観を提供できたらそれだけで十分だし、僕と同じような〝持たざる〟境遇で苦しんでいる人や、「空気」を読むことに疲れて、幸せを見失っている人たちにとって少しでも参考になれば嬉しい。

青木真也

空気を読んではいけない　目次

第1章
人間関係を始末する

第2章 欲望を整理する

第3章 怒り、妬み、苦しみ、恐れ。負の感情をコントロールする

第4章 一人で生きていくためのサバイバル能力の養い方

第5章 他人の「幸せ」に乗らない

第1章

人間関係を始末する

自分の人生を生きたいのならば、群れてはいけない。僕には生まれてから友達と呼べる人間は一人もいない。上下関係も無視してきた。食事、接待、人付き合い。その一切を断ち切って孤独を選ぶことが大きな結果と、自分なりの幸せを得ることにつながる。

幸せな人生を
生きるために
友達はいらない。

今でも、脳裏から離れない言葉がある。

「青木くんが授業の邪魔をするから、みんなで違う教室に行きましょう」

僕が小学4年生のとき、担任の先生が発した言葉だ。

当時の僕は、じっとしていられない子供だった。授業中も椅子に座っていられず、動き回ったり、飛び跳ねたりしていた。力も強く、他の子供との喧嘩が絶えない。先生から「やる気がないなら、もう帰れ」と言われることも多かった。そんなとき、僕は先生に謝ることもなく、本当に帰ってしまう子供だった。

右を向けと言われたら左を向く。先生の言うことは聞かない。明らかな問題児として見られていた。

冒頭の言葉とともに、突然、僕一人残してみんなが隣の教室に移動したのは、そんな頃だった。思うがままに振る舞っていたから、当然僕にも非があった。しかし、当時は10歳。教室に一人ポツンと残されて、怒りが沸き上がることはなかった。ただ、ショックが大きかった。

給食のときにはこんなことがあった。通常は席が近い子供たち同士が机をくっつけて、グループごとに食べるもの。ところが、その輪から外された僕は、**机を教室の壁につけて置き、その壁に向かって一人で食べさせられたのだ。**

クラスでは浮いた存在となり、徐々に仲間から外れることも多くなった。夏休みに誰かと遊びたいと思っても、友達がいなかった。当時は正直言ってつらかったと思う。

小学校高学年になるにつれて、授業をしっかり受けられるようになり、人の話も聞けるようになった。中学校、高校と進学して、仲間が欲しくなったり、絆に憧れるときもあった。しかし、いつまでも友達はできなかった。

大人になった今でも友達はいない。ただ、もはや友達が欲しいとは思わない。友達がいないほうが都合がいいとさえ思っている。

友達がいれば、遊んで楽しかったり、寂しさを埋めてくれたり、自分の考えに共感してくれたりすることもあるかもしれない。

ところが、結局はどれも一時的なことに過ぎない。たとえあるときは一緒にいても、何かがあれば縁は切れる。僕は「友達だから」という理由で行動をともにしたり、ましてや一緒に仕事をすることはない。いかなる相手でも、互いにメリットがあるから関わるというスタンスを保つようにしている。結局、人間関係なんて3年後にどうなるかわからない。仕事でトラブルが起こって仲違《なかたが》いしても、お互いにメリットがあれば再び手を組むことだってあり得るものだ。

友達がいることは、揉《も》め事が増えるだけだと考えている。友達との関係を維持するために、時として自らの考えや信念を曲げてしまうことはないだろうか。

頼み事をされて断れなかったり、やりたくないこともやらなければいけなくなる。友達というしがらみのために、そんな窮屈な思いをするくらいならば、互いの人生において、最初から違う道を歩んでいた方が幸せなはずだ。

友達という存在がなければ、人間関係の悩みを抱えることも少なくなる。友達なんて持たずに、自分の思ったように生きる。そうすることで、やるべきことに集中できる。

小学校で爪はじきにされたことは、僕の考え方に生きている。

人はそれぞれ考え方が違う。無理して仲良くする必要なんかない。僕は、自分と価値観が違う人に対しては「お前はそれでいい」と思う。自分の考えを押し付けることはしない。一方で、「俺もこれでいい」と考える。簡単に言えば、相手の価値観を尊重するが、僕の領域にも入ってくるな、それぞれ勝手に生きようということだ。

友達に合わせることで、自分の個性がなくなってしまうのであれば、誰とも仲良くしないことが一番良い。

僕は幸運にも、子供の頃に教室に一人残され、壁に向かって給食を食べた経験がある。友達もいない。空気も読まない。他人の考えや行動に、今更影響を受けることはない。

だからこそ、自分の物差しで生きていくことができている。

悪いことも
良いことも
一人でやらないと
旨《うま》みはない。

友達を持たないという考えは、父親の影響もある。

僕の父は静岡の田舎で、兄弟と従業員5、6人のこぢんまりした工場を経営していた。昔ながらの職人気質で、意固地なところもある。周囲との軋轢《あつれき》も少なくない。言ってしまえば、かなり〝パンチがきいている〟親父だ。

子供の頃、父が近所にあった行きつけの店に突然行かなくなり、不思議に思ったことがある。それも、1回や2回ではない。父は「あそこはもう切れたから」という言葉をよく口にしていた。僕と母は、また何かあったんだろうと暗黙の了解として認識し、理由を聞くことはなかった。

そんな父が、僕のことで学校に呼び出されたことがあった。

普段は、僕が問題を起こす度に呼び出されるのは、母の役目だった。何度も学校に呼び出されることは、かなりの負担になっていたはずだ。

ついには母が、「私はもう嫌だ」と言い出したことがあった。そこで父が代わりに呼び出しに応じることになったわけだ。

僕は、自分で起こした問題である以上、父が学校から戻ってくれば、怒鳴られることを覚悟していた。ところが、学校での話し合いを終えて帰宅した父には、一向にとがめられない。それどころか、「もう先生の言うことを聞かなくていいから」とポツリと言われただけだった。

もちろん、父が出ていって丸く収まったわけがなかった。結局、話し合いの最中に、父が「子供一人言うこと聞かせられないあんたの器が小さいんだろ」と、先生に啖呵《たんか》を切ったというのが事の真相だった。

学校からすれば、悪い意味で「この親にしてこの子あり」という変わり者一家に映ったと思う。

僕の右向け右ができない性格は、父親譲りだと言っていい。親父には小学生の頃から常に言われ続けたこんな言葉もあった。

「なんでみんなと一緒にやるんだ。何かやるときは一人でやれ」

まさしく協調性のなさを表すかのような言葉だ。それに親父は、「みんなでやるとバレてしまう。悪いことをするときは、一人でやれ」という表現もした。

当然ながら、悪いことをどんどんやれと、奨励しているわけではない。要は、〝連れションʺをするんじゃねえということだ。何かを企《たくら》んでいるときは、常に一人で動けと言われていた。

「何かやるときは一人でやれ」には、新しい試みでも周囲と一斉にはじめてしまえば、利益を独り占めできないという意味もあったのだろう。

格闘技をやっている今、そのことを身に染みて実感している。みんなと同じやり方で練習をこなしても、伸びしろなんてたかが知れている。誰もやっていない技を、人知れず突き詰めるからこそ、予想できない進化をするのだ。

同じ熱量、同じ方法では差はつかない。たった一人で温め続けた企みが、やがて結果として表に出てくると思っている。

父には、**「友達なんていてもどうするんだ」「始末して生きろ」**とも常々言われていた。かなり極端な言い方だが、とにかく〝他人に頼ることなく自分の足で立って生きろ〟ということや、〝自分の人生にしっかりと責任を持て〟と伝えたかったはずだ。

子供の頃からずっと言われ続けてきただけに、親父の感覚は僕にも色濃く受け継がれている。

友達のいない、父と子だ。

今、実家に帰っても、親父とは必要最低限以上の会話はしない。互いに興味がない。

ただ、自営の難しさが身に染みているだけに、親父には僕が格闘技界に入る際に大反対をされたことがあった。

頑固者の親父を何とか説き伏せて、格闘技の世界に飛び込んで10年。今では、親父も僕の戦いを楽しんでいるようだ。

凡人は
群れてはいけない。

多くの男の子が強さに憧れるように僕も強さに憧れた。強さの象徴である格闘技に強い憧れを持っていた。たまたまテレビに映ったプロレスラーの姿を見て目を奪われた。

だから僕は、とにかく格闘技をはじめたかった。数多くの競技の中で、一番身近にあったのが、柔道だった。

当時は、小学3年生。担任の先生からさじを投げられた時期とちょうど重なったこともあって、柔道をはじめるとすぐに熱中できた。

クラスで孤立し、友達もいなかった僕にとって、柔道に集中している時間は救いだった。

先生からもクラスメイトからも距離を置かれていた僕は、柔道というコミュニティの中で、なんとかして成り上がるしかなかった。

学校では問題児と見なされていたわけだが、柔道に対しては真面目に取り組んだ。試合でも勝てるようになっていった。

ところが、中学校に進学すると、すぐさま大きな壁にぶち当たることになる。所謂《いわゆる》、才能の差だ。

僕が進学した東海大学第一中学校（現：東海大学付属静岡翔洋高等学校・中等部）は、柔道の強豪校。自分のレベルの低さが痛いほどわかった。

周りには僕よりも身体《からだ》がデカくて、身体能力に恵まれている選手がたくさんいる。一方で、僕は中学に入学した当初、身体は小さく、身体能力に関しても平凡そのものだった。監督から常に「センスがない」と言われるくらいだったから、僕には才能がなかったと断言できる。

2年生のときは5人制の団体戦で、僕は6番手の選手。要するに補欠だった。今でも忘れられないが、顧問の先生から「お前には、団体戦で期待していないから」とはっきりと言われたこともあった。

自分でも才能がないのはわかっていたが、指導者からも突き放された。当時はどこにも居場所がなく、精神的にはかなり苦しい状況だった。

しかし、考えることはやめなかった。才能がなく、身体が小さくても、何とか生き残ってやると思っていた。

何としてでもレギュラーにのし上がるしかない。

自分の能力が劣っている以上、他の部員と仲良く群れていたら、レギュラーになれないのは明らかだ。僕が群れてしまっては、レギュラーとの差は一生縮まらない。

「このまま普通のことをやっていても絶対に勝てない」「周りと同じことをやっていたらダメだ」と考えながら、毎日練習をしていた。

レギュラーになるには、レギュラーの生徒より強くなるか、誰かが怪我《けが》をするのを待つしかない。

「誰か一人、穴を空けてくれ」と、常に思っていた。レギュラーが練習で「痛い」と言い出したら、「休んでくれ」と願っていた。

もちろん、純粋に自分の力でレギュラーをもぎ取ることが最重要だったのは言うまでもない。**当時はとにかく必死で、部活動以外の時間に、クラブチームの練習に通うこともはじめた。**部活以外でも練習するわけだから、体力的には相当しんどい。

しかし、部活の練習で満足している部員たちをよそに、「お前らが遊んでいる間に、俺は練習しているんだ」と思いながら休まず通った。他の部員の2倍の練習量をこなすわけだから、自然と地力も上がっていく。結果として、レギュラーの座を奪い取ることができた。

僕は強くなる要素は、決して才能や身体能力だけではないと考えている。続けられる強さ、自分はやれると信じる強さは必ずある。

「諦めない」という言葉だと聞こえはいいが、僕はよりしたたかだったと思う。

成り上がりたかったら、群れてはいけない。周りと一緒にいると、知らず知らずのうちに周囲と同化してしまう。

才能のないものが成り上がるためには、周りを切らなくてはいけないのだ。

孤独こそが
唯一無二の価値を
つくってくれる。

僕のファイトスタイルは、中学時代に原点がある。

何でもありの総合格闘技で戦う今、トリッキーな寝技は僕の強烈な個性となっている。**新しい技をつくり出せたら、勝負に勝つことができる。誰も見たことのない技には、対応策がないからだ。**

その事実に気づいたのは、中学時代にクラブチームで練習をした経験が大きい。部活以外で地力を上げようと考え通ううちに、様々な指導者のエッセンスが加わることになった。

他の部員が知らない技を覚えていくことで、部活でも少しずつ勝てるようになっていった。相手の知らない技を繰り出せば、実力差があっても勝てる。早い段階でそれに気づくと、格闘技雑誌を読み漁《あさ》り、柔道では通常使わないような技術も貪欲に取り入れた。

対面した相手の腕に体ごと飛びついて、腕ひしぎ十字固めを極《き》める「飛びつき腕十字」をはじめ、僕の柔道のスタイルは相手を投げるのではなく、いきなり関節技を仕掛けたりする変則的なものだった。対策を取られて技が極まらなくなると、また新しい技を仕込むという繰り返し。**僕の格闘技人生は、ある意味で隙間を探し続けてきたとも言えそうだ。**

みんなが見ないところに着目し、行かないところに進む。周りと違うことをすることに、恥ずかしさや照れという感情はなかった。

格闘技の世界チャンピオンとなった今もその姿勢は変わっていない。対戦相手は僕のことを徹底的に分析してくる。僕の手の内をすべて知っているような相手に、何も上積みをしないままに戦うことは、まさしく自殺行為と言っていい。攻略の糸口を摑《つか》ませないためにも、常に新たな武器を研ぎ澄ましている。

総合格闘技は、立ち技や寝技といった様々な要素で成り立っている競技。要素ごとで切り取れば、僕より強い選手はたくさんいる。だからこそ、新しい技術はないか、常に探し出そうとしている。

試合前に海外で合宿を組むときは、ボクシングの元WBC世界フライ級王者であるポンサクレック・ウォンジョンカムや、ムエタイの世界王者に指導を受けることもある。ポンサクレックは、内藤大助や亀田興毅を下したことで、日本でも名前が知られているボクサーだ。練習が終わった後は、全く動けなくなるくらいキツい。スパーリングとなれば、強烈なパンチを食らってダウンを喫するほどだ。彼に沈められてきた日本人選手の気持ちも、よくわかる。それでも、新たな技術を盗もうと、とにかく必死で食らいついていく。


周囲に流されることなく、常に隙間を探し、新たな技術を追い求め続けてきたことは、

結果的に僕の選手としての市場価値にも繫《つな》がっている。

総合格闘家として、僕以上に特徴的な寝技師は、世界を見渡してもいないのではないかと思う。『シンヤ・アオキ』といったら寝技だ」と、世界中の格闘技ファンが口をそろえてくれる。

他に比較対象のない特異な戦い方をするので、格闘技イベントの主催者も、不可欠な選手と見なしてくれる。

もしも、実力が変わらなくても、僕がスタンダードなファイトスタイルだったとしたら、現在受けている世界的な評価は得られなかったはずだ。「青木真也」にしかできないスタイルを確立したからこそ、今があると感じている。

評価については、中学2年生のとき「お前には、団体戦で期待していないから」という顧問の先生の言葉もあった。

ところが僕が力をつけて試合に勝つようになると、徐々に態度が変わり始めたのだ。中学3年生で高校進学を控えたときには、「お前は日本代表になるかもしれない」とも声をかけられた。

中高一貫校だったこともあり、顧問の先生は高校でも同じ生徒たちを受け持つことになっていた。高校への進学に際して、「お前が欲しいんだ」という言葉を受けても、僕は喜ぶことはなかった。かつて、僕の存在を否定した人の言葉だ。「ふざけるな」という思いとともに、僕はライバル関係にある静岡学園に進学することを決めた。

他人に自分の勝ち負けを決めさせてはいけない。

「勝負を人に預けるな」

僕の勝負論の軸となる言葉だ。

一目見れば勝敗の行方がわかる一本勝ちやKOは、格闘技全般における大きな魅力となっている。

ボクシングでのKO勝ちの多いハードパンチャーのように、総合格闘技でも、相手からタップアウトを取れるファイターには人気が集まるものだ。

一方で、格闘技には判定もついて回る。制限時間内にどちらかがKOかタップをしなければ、勝敗はジャッジに委《ゆだ》ねられることになる。格闘技の試合を見ていると、判定が自分の予想と違ったりすることがあると思う。

観客が判定に疑問を持つくらいなのだから、実際に戦っている選手たちはもっと納得できない。猛烈に怒る選手がいるのも不思議ではない。

選手たちは、ひとつの試合に人生をかけて戦っている。判定に納得しない選手が、ジャッジを提訴することも決して少なくない。

しかし、僕自身は判定で勝ったことも負けたこともある上で、「勝てば幸運、負けたら自分のせい」と考えるようにしている。

「判定がおかしい」と言うのは簡単だけれども、勝負をジャッジという他人に預けた時点で、負けても文句は言えない。判定決着というのは、他人に勝敗を決めてもらうということだ。そこにはルールという基準は存在するが、ジャッジの主観も少なからず入ってしまうし、人間である以上、当然ミスもある。

選手としては、自分の力ではどうすることもできないジャッジを変えようとするより、自分が変わる方が前向きだと思っている。「簡単に言うな」と感じられるかもしれないが、提訴するより自分の手で試合を決着させることに力を使った方がいい。

一般社会でも、誰かのせいにしても問題は解決しないのではないだろうか。それは格闘技も一緒だ。ジャッジを下すのは、選手自身ではなく、審判という他人だ。**他人を完全にコントロールすることは不可能だ。**

僕は、判定というのは3人の審判による面接試験みたいなものだと見なしている。運や相性は必ずある。そう考えると、ジャッジをされる立場でも気が楽になる。

「勝負を人に預けるな」という勝負事の基本を僕に教えてくれたのは2人の人物だ。

一人は、父親である青木正。親父は格闘技経験者ではないが、勝負論は的確だった。勝負は「先制、中押し、ダメ押し」が重要で、「勝ちきることから逃げるな」と小さいときから叩き込まれた。

もう一人が、中学時代のコーチだった興梠《こおろぎ》正人先生だ。唯一、先生だけが、身体が小さく誰も期待していない僕の可能性を信じてくれた。

他の先生には見向きもされず、友達もいない。黙々と柔道に打ち込んでいたときに、かけてもらった言葉がある。

「目先の勝ちよりも、先のこと」

その言葉を聞いたとき、僕は「ああ、この人は僕に先があると考えてくれている」と思い、無性に嬉しくなると同時に、ものすごい心強さを感じた。

興梠先生にも「とにかく決着させろ」と教えられていた。

「抑え続けろ」「文句のない勝ち方をしろ」

文句のない勝ち方ができないのなら、それは勝負を人に預けているということを意味するのだと。

親父からも興梠先生からも、柔道そのものの技術を授けられたわけではなかった。けれど、勝負事としての基本を2人から学んだのは間違いない。彼らの言葉は今でも僕の中に強く残っている。

そもそも、勝負は絶対というものがない世界。2人の師から学んだ「勝負を人に預けるな」という言葉が教えてくれるように、僕は勝負を他人の判断に委ねることなく、フィニッシュを狙い続ける。

「なんだ」と難癖をつけられることで、自分の生き方は鍛えられる。

中学時代の柔道部で補欠だったことから、格闘家としての才能がないことは僕が一番よくわかっている。才能を上・中・下で分けるとしたら、どう見積もっても「中」以下でしかなかったはずだ。

中学時代、才能がない中で生き残る術《すべ》として必死に見出《みいだ》したのが、誰も見たことのない技を繰り出すことだった。

しかし、日本柔道界は「しっかり組んで投げる」スタイルを正統派と見なし、それ以外を認めない風潮がある。

いきなり相手に飛びついて極め技を狙う僕は、明らかに異端児と見なされていた。**いくら勝利を重ねても一向に認められることはなく、批判は絶えなかった。**周囲から浴びせられる言葉の数々。それらはいつしか、悪意を含み僕を傷つけることもあった。

「今は成績が出ているかもしれないが、どうせ高校、大学に進学したら成長できない」

「あいつは伸びしろがない選手」

「テクニックだけで勝っている器用貧乏」

僕のスタイルに対する言葉は時に陰でささやかれ、時に面と向かってぶつけられた。

高校時代には元世界王者の先生から、多くの生徒に見られる中で自分の技をこき下ろされたこともあった。

柔道は、「背負い投げ」と「内股」「大外刈り」の〝ビッグ3〟を得意技にしなければいけないような、暗黙の了解がある世界だ。トリッキーな寝技に偏っていた僕が、どれだけ勝利を収めてもついて回るのは「なんだ」という言葉になる。

「なんだ、その柔道は」「なんだ、あの技は」

中学卒業まで、ずっと否定されてきた柔道人生だったが、正統派を求められる同調圧力との戦いだったとも言い換えられる。指導者から「これが正しいんだ」と高圧的に指導されたら、言われたことを盲信してしまってもおかしくはない。

しかし、僕は空気を読まず、その圧力に飲み込まれずにいられた。「大きなお世話だ」と心の中で叫んでいた。**いくら勝っても指導者たちからは、何かしら難癖をつけられていたが、勝てなくなったら、僕の存在価値なんて本当になくなってしまうと、僕自身が一番わかっていた。**味方がいない僕にとって、結果を出さないことは死を意味していた。当時浴びせられた罵声を今でもはっきりと覚えている。正直に言えば、根に持っている。

しかし、高校に進学してからは状況が少し変わった。静岡学園高校で顧問だった先生は、僕の好きなようにやらせてくれた。

強豪ながらノビノビとした雰囲気を持つ静岡学園の柔道部は、僕にはピッタリだった。正統派の技を強制されることもなかった。好きに稽古をして、実戦を通じスタイルを練り上げることができたのは、今でも自分の財産になっている。

顧問の先生は「留置場も3日泊まれば出してくれる」というようなタイプで、当時50歳くらい。バンカラ気質で、器の大きさを身をもって感じることもあった。

柔道界には礼節や品位を重んじて、勝利のアピールを控えなければならないという雰囲気がある。しかし僕は、全国大会の出場権がかかった県予選で勝利したとき、派手なガッツポーズをした。

当然、不文律を破ったことで、他校の指導者たちからは先生に猛烈な苦情が来る。「なんだあれは」「なんであなたが注意しないんだ」と。

激怒した大勢の指導者に詰め寄られる先生。ところが、返した言葉は「すまん。見ていない」との一言だった。

試合中、先生は一番前に座って戦いを見つめている。見逃しているはずはなかった。しかし、抗議していた指導者たちも、平然と口にした先生の言葉を受け、それ以上何も言えなくなっていた。

自分のスタイルを貫く上で、「俺がケツ拭いておくから」と構えてくれていた先生の存在は大きかった。**同調圧力に負けず、「なんだ」に惑わされず生きていく上で、自分の個性を殺さずにコントロールしてくれる人との出会いは大切だ。**

先輩だろうが、上司だろうが、いつでも刺し違える覚悟を持つ。

柔道をやめて総合格闘技の道に進んだのは、大学時代だ。

当時は早稲田大学の柔道部に在籍しながら、並行して総合格闘技のトレーニングもこなしていた。全日本ジュニア柔道体重別選手権大会で準優勝したこともあったが、このまま柔道を続けても、実力的にオリンピックに出るようなトップ選手にはなれないと、うすうす感づいていた。

一方、格闘技に関してはずっとファンで、マニアと言えるくらいの入れ込みようだった。中学高校時代に、桜庭和志さんが〝グレイシーハンター〟として強豪外国人選手を次々と破り、一気にブレイクした過程をリアルタイムで見ていた。大学進学で上京したら、必ず総合格闘技をやると決めていた。

結局、大学3年生のはじめに総合格闘技一本に絞るわけだが、柔道よりも自分の才能を生かせるのではないかと考えていたのは事実だ。しかし、総合格闘技を選んだのには、もうひとつ理由がある。

ある日、大学の柔道部から「お前、もう来なくていい」と言い渡された。要するに、**クビにされたのだ。**

僕はスポーツ推薦で大学に進学して、実力は部内でも一番だった。突然のクビ通告を不思議に思うかもしれないが、当然の帰結だとも言える事情があった。

大学進学までに、既に自分自身の柔道スタイルを築いていた僕には、強烈な自我があった。早稲田の柔道部は伝統を重んじる気風。当然、僕の異端のスタイルに対して、「お前のは柔道じゃない」という指導が入る。しかし、**僕は先生や先輩の意見に、一切耳を貸さなかった。**当時は、「伝統なんて関係ない。ルールブックに書いてないだろ」と思っていた。

「俺はもうスタイルが出来上がっている。俺より弱いお前らが指図するな」

そんな不遜な態度を見せていると、当然先輩たちは勝ち負けの問題ではないと、生意気な僕を上から抑えつけようとしてくる。体育会系の部活には厳然と上下関係は存在する。

実力が上でも後輩は先輩に絶対服従だという考えで強気に出てきたことが肌感覚でわかった。彼らは後輩である僕が何もやってこないと決め込んでいたが、そんなことはない。口では「すみません」と言っておきながらも、常に畳の上では白黒つけてきた。

実力自体は、僕の方が上。練習で組み合いとなれば、先輩であっても容赦はしない。寝技で相手が参ったとタップアウトしても、緩めることなく技を極め続けた。それどころか、倒れ込んだ相手の手を平然と踏みつけることすらあった。

柔道に限らず、基本的に格闘技は戦いの場に上がったら何をしてもいいようなスポーツ。そこには、先輩後輩も関係ない。練習でも試合でも、相手がやり返してこないと高を括《くく》っていたら、しっぺ返しを食うものだ。どんな相手でも舐《な》めたらいけない。

僕は最低限のルールは守るが、今でも**上下関係や伝統といった明文化されていないような掟《おきて》を理由に、無条件で屈服を強要してくる相手に対して、いつでも刺し違える覚悟でいる。**

勝つならば負ける覚悟。刺すならば刺される覚悟。折るならば折られる覚悟。総合格闘技の試合でも、両極の覚悟を持たない選手は、相手として怖くない。殺す気迫とともに、殺される恐怖を持て。

柔道部では、衝突を繰り返す僕をやがて誰も抑えきれなくなっていた。ついには、練習で先輩を絞め落としたことで、僕は監督から呼び出されて宣告されたのだ。「お前、そういうことするなら明日から来るな」と。

僕は柔道が好きだった。でも、得意ではなかった。うまくいかないことの方が多かったし、強くなったと感じてもオリンピックに出場できるようなトップ選手ではなかった。好きだからある程度までは成長できたが、それ以上はもう少し才能が必要だった。

柔道部を辞めた時点で、授業の単位はほとんど取り終わっていた。やりたいことだけに時間を使えるようになり、総合格闘技の練習にはプロ選手のように没頭できた。大学

3年生のうちにプロデビューを果たすことになるわけだから、総合格闘技の道に進んだ僕の選択は間違いではなかったと思う。

自分の考え方が汚《けが》されるから、人と食事には行かない。

〝朱に交われば赤くなる〟という言葉があるように、人間は良くも悪くも身を置いている環境に慣れてしまう。

格闘技界は、すごく狭い業界だ。周囲の空気を読まずに自分のスタイルを確立してきた僕も、常に〝格闘技ムラ〟の慣習に染まらないように気をつけている。

格闘技界は、本当に浮世離れしている世界。ファイトマネーの使い方ひとつとっても、世間一般とのギャップは大きい。いわゆる〝豪快伝説〟として語られるように、稼いだファイトマネーを、受け取った当日に使い切ってしまうような選手は少なくない。

多額の現金を握りしめ、飲み屋では連れている後輩たちを前に、「何でも注文しろ。飲め。食え」と豪語する。都市伝説のようなエピソードだが、実話だということが恐ろしい。実際に会計となったときも、「俺が払ってやるよ」とファイトマネーで一気に支払ってしまう選手は多い。〝男気〟や〝ロマン〟としてもてはやされるかもしれないが、奢《おご》っている選手たちは普段から豪快で派手な生活を送っているわけではない。

試合をこなした対価として、一時的に大金を手にしているだけで、次の試合まではそのファイトマネー以外の収入はないのだ。ほとんどの選手は、豪遊できる余裕はない。

ところが、普段はお金がなくて苦しい思いをしているにもかかわらず、後先考えずに使ってしまうのだ。

金の使い方は個人の価値観だから勝手にすればいいと思うが、僕自身はそういった身の丈に合わない考え方には染まりたくないので、彼らと馴《な》れ合うことを避けている。

ところが、いくら思考回路が違うといっても格闘技を生業《なりわい》としている以上、練習や試合で他の選手と接する機会は当然出てくる。

金銭感覚にとどまらず、いつの間にか自分本来の考え方が狂ってしまわないためにも、僕は自分自身に課しているルールがある。

それは、〝NO〟と言える状況をつくることだ。

食事の場面が最もわかりやすい。格闘技界では、練習後の食事までがひとつのセットと考えられている。「メシ食いに行こう」と誘われることも多い。

しかし、**一度でも食事をともにしてしまえば、それは馴れ合いの第一歩となる。**大人数での食事ともなれば、必ず様々な会話が生まれ、周囲の意見に流される場面も出てくるはずだ。その流れに乗らないために、最も有効な手段は「一緒に食事をしない」こと。

僕は練習後に誘われても、必ず断ることにしている。

当然、相手は感じ悪く思っているだろうが、そこで後ろめたさや罪悪感を覚える必要はない。他人の価値観に染まらないためには必要なことだ。

〝NO〟と言える状況をつくるためにも、最初が肝心になってくる。**食事に誘われれば、**

「すみません。申し訳ありませんが、僕は帰ります」と明確な意思表示をすることが大事だ。「練習までは一緒にやる。ただ、それ以上は踏み込んでくるな」という一線を引き、相手にはっきりとわからせなければならない。

下手な言い訳をする必要はない。2度、3度断れば「アイツはメシに行かないから」と、誘われなくなり、食事以外の場面でも〝NO〟と言える雰囲気をつくり出すことにもつながる。必然的に群れることもなくなっていく。

結局、格闘技には練習以上のコミュニケーションはないのだ。練習していれば自然と距離も近くなる。必要な技術を教え合ったり、試合のときのセコンドをお願いしたりといった関係も生まれる。だが、それ以上でも以下でもない。「スポーツの仲間＝一生の仲間」と考える選手は多い。師弟制度のように、上下関係のむすびつきも伝統的に強いものがある。

彼らからすれば、僕のように誰に対しても〝NO〟と言うような人間は、空気の読めない変人に映るかもしれない。しかし、彼らの「絆」も、ただの「しがらみ」になっている場合があるはずだ。

たとえ後ろ指をさされようとも、僕にとって必要なのは〝仲間〟ではなく、格闘技界に染まらないための〝孤独〟と言える。

接待は知らず知らずのうちに人生の優先順位を狂わせる。

僕には〝タニマチ〟という存在がいない。

タニマチは元々、相撲界の言葉。後援会やスポンサーの意味合いを持ち、金銭や物品などの援助をしてくれる存在のことだ。

格闘技界に関して言えば、タニマチに食事に連れていってもらう選手はかなり多い。中には「これをください」と、臆面もなく要求するような選手までいる。**ビッグマッチをこなしているわけでもないのに、遊び歩いているような格闘家には大体タニマチがついているものだ。**

僕にタニマチがいないのは、性格的にそもそも奢り甲斐《がい》のない相手だということがある。食事をしていても、僕は大げさなヨイショをすることもないし、淡々とした応対に終始するだけだ。なんて空気の読めないヤツだと思われているだろう。

「思う存分に食っていいぞ」と言われれば、「いえ、節制していますから」と喜ぶことはない。「じゃあ、この後もう一軒行くか」という流れになれば、「明日があるので、遠慮させてください」と断る。かわいさの欠片《かけら》もない。誰であっても、僕にご馳走《ちそう》しても楽しい気分にならないはずだ。少なくとも僕だったら、自分に食事を奢ろうとは思わない。

タニマチに面倒をみてもらうことは、現役時代にだけ使える〝魔法〟だ、という感覚もある。

格闘家はオリンピックの金メダリストや相撲の横綱のように、永遠に変わらない立場ではない。援助されることが当たり前という思考に陥ったり、現役時代に分不相応に生活レベルを上げてしまうと、セカンドキャリアにも必ず影響が出てくる。一度狂った感覚は、元に戻すことはほぼ不可能。そして、引退後に現役時代の感覚が抜けずに困ったとしても、そのときには既に、〝魔法〟が使えなくなっているわけだ。

それに、援助されることによって自由がなくなってしまうことも大きい。**食事を奢られるだけでも、一発で支配関係が生まれてしまう。**一度でもタニマチから援助を受けたら最後、それ以降は相手の要求を断れなくなることを意味する。

「ちょっときてくれ」と言われれば顔を出し、「今度、頼み事を聞いてくれ」と要求されれば従うしかない。まさに「タダより高いものはない」という言葉通りで、援助を受けたときは得した気分になるかもしれないが、結果的に損をしてしまう。**タニマチの存在で自分がやるべきことに集中できなくなったり、コンディションが崩れていくならば、はじめから関係を持たない方が賢明だと思っている。**

タニマチと付き合わないという感覚は、接待を受けないという姿勢にも関連してくる。

僕はフリーランスの格闘家として活動しているから、各団体との交渉もすべて自分一人で行う。ファイトマネーや練習拠点であるシンガポールからの移動費、セコンドの経費。試合をするためには、様々な契約が発生し、団体側と駆け引きする場面も出てくる。交渉は1回で成立するわけではなく、下交渉や顔合わせなどのやり取りがある中で進んでいく。

ときには、高級料亭などに招かれる場合も出てくる。所謂、接待に当たるものだ。

しかし、僕は基本的にそういう場に顔を出すことはない。接待を受けてしまえば、交渉での主導権を相手に渡してしまうことにつながるからだ。食事をご馳走されて隣に女性でもつけられたら、外堀はすべて埋められてしまっている。不利な条件を飲まされても、文句は言えない。

接待されることによって足元を見られてしまうのなら、その場に行かない。僕は、それが最も有効な対応策と考えている。「すみません。ミーティングだけで失礼します」と挨拶して帰るべきだ。そういう意味でも、僕は格闘技関係者と食事をすることは滅多にない。

食事というものは、良くも悪くも当事者同士の距離を近づけてしまう。それだけに上下関係も生まれやすいもの。そのリスクを理解しているのならいいが、多くの選手はタニマチから小遣いを受け取りチヤホヤされ、気持ち良くなっているようにしか見えない。

「金はリングに落ちている」

僕らファイターのあるべき姿は、食事を奢られて勘違いしたり、相手の機嫌を伺うことではない。どこまでいっても、リング上でぶつかり合うことでしかない。

いつでも自分から人を切れるように、「借り」は絶対につくらない。

「俺はこれだけしてやったのに」

２０１２年に僕が格闘技団体「ＤＲＥＡＭ」を辞めるとき、加藤浩之さんという人物からかけられた言葉だ。

加藤さんは、表に出てくることはほとんどなかったけれど、「ＰＲＩＤＥ」と「ＤＲＥＡＭ」の団体運営で中心を担っていた人物。運営を取り仕切る以外にも、有望な若手選手たちを引き上げ、スターに育て上げていった名プロデューサーでもある。僕も間違いなく、彼につくられたファイターだ。五味隆典、川尻達也、石田光洋。彼につくり出されたファイターは数多い。

加藤さんは、僕に対して厳しかった。はじめて出場した大みそかの大会で、ノルウェー人ファイターのヨアキム・ハンセンから、フットチョークで一本勝ちを収めたときも、試合後の加藤さんは「まあ、勝つでしょう」とつれなかった。

もっと褒めてほしい。もっと見てほしい。どうすれば愛されるのか――。

今となって当時を振り返ると、加藤さんに愛されることを選手同士で競い合う、過激な恋愛だったと表現できる。

当時の僕は、加藤さんを信頼しきっていたし、それに見合うような献身を十分してきたと自負していた。ところが、「ＤＲＥＡＭ」から離脱する際にかけられた言葉で、自分がいくら恩を返したと思っても、相手の感じ方はコントロールできないことを悟ったのだ。

加藤さんと袂《たもと》を分かって以来、僕は誰かに借りをつくるような行為を一切やめた。**どれだけ些細《ささい》な借りであっても、すぐに返す。**「これでイーブンだな」と必ず口に出して、その都度清算したことを確認するようにしている。

一例として、試合におけるセコンドへの謝礼がある。格闘技界では試合のセコンドを知り合いの選手に頼むことが一般的だが、謝礼については友達関係でうやむやにしてしまったり、持ちつ持たれつで支払われないことが非常に多い。その中で、僕は借りをつくらないためにも、必ず互いに合意の上で謝礼を支払っている。

セコンドを打診する際に、拘束時間や金額といった条件もしっかりと提示するようにしている。振り込みも、相手の承諾を得るとすぐに完了させる。

２０１５年末に行われた桜庭和志戦でも、北岡悟に金銭面で納得してもらった上で、セコンドについてもらった。彼は当日、僕以外のセコンドも担当していたが、結局支払いがあったのは僕だけだったという。

格闘技界の通例にとらわれない僕のやり方を、もしかしたら相手は面倒に思っているかもしれない。しかし、**後になってどんなトラブルが起こるかわからないからこそ、常に〝行って来い〟の関係を保つようにしている。**貸し借りのない間柄であれば、互いに遠慮もなく言いたいことを言い合うこともできるはずだ。

借りをつくることを避ける一方で、貸しをつくることに関して言えば、つくれるだけつくればいいと思っている。

なぜなら、縛られることがある借りと違って、貸しだとしたら「お前なんかもう知らねえよ」と、こちらが一方的に突き放せるからだ。

借りをつくらず、貸しをつくることを意識する。

人間関係のこじれは、無駄なコストだ。そういったものを持たないためにも、常にイーブンの関係、あるいは貸しだけをつくっている状態になるように注意している。

話を聞いて、「何を言っているんだ」と理解に苦しむ人もいるかもしれない。この「貸し借り」の感覚について鈍感な人は思っている以上に多い。僕はそういう人とは関係を持たないようにしている。

加藤さんとも、あれから関係はなくなった。今は何をしているかも知らない。今後、再び関わることが出てくるかもしれないが、僕はできる限り一定の距離を置きたいと思っている。ただ、加藤さんは多くを教えてくれ、僕を育ててくれた。かつて言ってくれた、「一生食わせてやる」という言葉が叶《かな》うことはなかったが、自分で食っていく力をつけてもらった。今でも感謝はしている。

すべての選択は自分で決断する。

試合で負けたときは悔しい。勝負の世界に生きている人間として、当たり前の感情だ。しかし、「ああしておけば良かった」と後悔をすることはない。

後悔しない理由として、すべての選択に対して自分で決断しているということが大きい。

格闘技のトレンドは、目まぐるしく入れ替わる。技術の流行《はや》り廃《すた》りは激しく、以前はムエタイ、今はレスリングをベースにした戦いが主流。かと思いきや、半年後には関節技が話題の中心にきていることもある。

そのサイクルの速さは、技術だけにとどまらず、練習方法から食事、減量にまで至る。あらゆる分野において、驚くべき速さでトレンドが流れていくが、僕は流行の手法を、話題になっているというだけの理由で、むやみに取り入れることはない。

信頼している人からどれほど勧められたとしても、最終的には自分の頭と身体で判断し、取り入れるかどうかを決断する。

結果として試合に敗れたことになっても、すべてを自分で決断していたとなれば、原因は自分にあると納得できる。反対に、成功しても失敗しても自分の決断でなければ、必ず後悔すると思っている。

以前、〝ハイパーリカバリー〟という減量方法が話題をさらったことがある。

格闘家の減量は、試合前日の計量に合わせ、契約体重まで体重を落としていくやり方が一般的だ。ハイパーリカバリーは、その前日計量というルールを生かした減量方法だ。計量直前に大量の汗をかいて、物理的に身体を軽くする。計量を無事クリアすれば、水分補給や食事によって一気に元の体重まで戻す。選手によっては、計量時と計量後における体重の戻し幅が、10キロを超える場合もあるくらいだ。

つまり、通常体重90キロの選手ならば、ハイパーリカバリーによって計量時だけ80キロまで落とし込み、翌日の試合は90キロ以上の状態で戦うことができることになる。格闘技は階級別に分かれているように、基本的に同じ体格の選手が戦う仕組みになっているが、ハイパーリカバリーによって、80キロと90キロの選手が戦う構図も生まれてくる。

体重差を生かした戦いができるので、ハイパーリカバリー減量で試合に臨む選手が続出した。「青木はやらないのか？」とよく言われた。

しかし僕は、コンディションを落とさずにパフォーマンスを発揮するための戻し幅は3、4キロだという考えを崩さなかった。今では、あれだけ流行ったハイパーリカバリーも下火となっている。急激な体重の増減は身体への負担が大きく、減量幅は少ない方がパフォーマンスが上がるという考えが、多数を占めている。

自分の決断を最優先にする考えは、試合中でも変わらない。試合ではリング脇にいるセコンドから様々な指示が飛ぶ。試合全体を冷静に見渡せるから、セコンドの意見は貴重だ。

しかし、僕はあくまでも自分の感覚を大切にしている。

優位なポジションを奪い、セコンドから「行け」という声が聞こえても、自分が「いや、ステイだ」と思えば、勝負をかけずに相手の出方を探る場合も少なくない。

トレンドに乗らなかったり、自分の考えを押し通すことについて、「不安に思わないのか」と聞かれることもある。みんなと同じことをやっていれば、大失敗することもないという思いからくる質問だろうが、**僕は格闘技の一番の面白さは「自分で自分の形をつくるところ」という考えを持っている。**

アメリカでは練習メニューから食事方法まで、格闘技におけるすべてのノウハウがシステマチックに構築されている。コーチの指示通りのことをこなしているだけでも、完成されたファイターとして成長できる。

誰でも一定水準まで引き上げるのは、素晴らしいやり方だ。反面、それはアメリカ式のファイターとしてパッケージされているだけでもある。日本でも、金太郎飴のように画一的な格闘家はたくさんいる。システムの駒として成長することを選んだとしても否定はしない。ただ、僕は格闘技を誰かに強制されてやっているわけではない。

自分が好きでやっているのだから、すべての決断と結果を自分で引き受けたい。引退するときに後悔をしないためにも、あらゆる判断を他人に委ねることはない。

感覚の違う人は
さっさと「縁切り」
する。

物騒に思われるかもしれないが、僕は〝縁を切る〟ことに全く躊躇《ためら》いがない。

人と縁を切ることを「縁切り」と呼んで、年に数回は「縁切り」をしている。

今年のお正月、地元の静岡に帰省したときだ。高校時代の同級生から突然連絡をもらい、「食事に行こう」と誘われたことがある。

そのときはいきなりの連絡だったことで、都合がつかず断らざるを得なかった。ところが、次の日に再び連絡がきたかと思えば、「サインを書いて送ってくれ」とのことだった。どうやら、彼が行きつけにしている居酒屋の店長が、僕のサインを欲しいということらしい。僕は頼まれればサインを書くし、これまでもお願いされれば、サイン入りのシャツやポスターを送ることも引き受けてきた。

しかし、今回の相手は普段から付き合いがあったわけでもなく、僕の試合に足を運んでくれていたわけでもない。同級生ではあったが、僕としては少し違和感を覚えた。

何よりも、思い出したかのように連絡があり、自分が店に対していい顔をしたいがために頼んできているようにも感じられたのだ。もう少しやり方があるだろうと、その非礼さを伝えてみたが、相手はこちらの思いを汲《く》み取ってもくれない。

やんわりと断ると、「本当は店に一緒に行きたかったが、行けないと言われたからサインだけでも」という返信がきた。僕はあまりにもバカにされている気がして、怒りも頂点に達した。人によっては僕が狭量すぎると感じるだろうが、どっちがおかしいとかの話ではない。結局のところ、彼と僕とは価値観が合わないということが決定的なのだ。

僕はそうなった場合、**躊躇うことなく縁を切る**。実際に、今回も「これ以上、関わりたくない。もう連絡してこないでくれ」とはっきり伝えた。

「縁切り」という言葉の持つ響きから、ネガティブなエピソードと思われるかもしれない。

しかし、お互いに考え方が異なるのだとしたら、大なり小なりトラブルはいつか必ず訪れる。**無理して関係を維持するくらいなら、お互いに嫌なことなく過ごせるように、一切の関わりを持たない方がずっといい**。和解しようと努力する暇があるなら、お互い自分の人生を進んだ方が意味がある。

たとえば、子供の喧嘩も、仲良くさせようとするのは間違っている。いじめっ子といじめられっ子が仲良くできるわけはないのだから、むしろ距離を置くことの方が重要なのだ。

また、**たとえ縁が切れたとしても、互いの利害が一致すれば、再度手を組んで一緒に仕事をすることはある**。

2012年に、経営難から「DREAM」の運営会社が倒産したときがそうだった。

当時は格闘技ブームが去り、日本でも団体が次々と消滅していた時期。僕自身も先行きが不透明な状態だったが、運営スタッフの方から、「今後一緒にやっていくこともできる」と言われたことがあった。

しかし、あれは今振り返っても〝悪魔の取引〟だったと思っている。要するに、僕が新たに契約する各団体との間に入ることによってお金を得ようという思惑が読み取れた。

一度は遠慮したものの、相手も「いや、こっちで交渉した方がファイトマネーは高くなる」と粘ってくる。「すみませんが、一人で自分の力を試してみたいと思っています」と言って、どうにかして縁を切ることができた。

ところが、その瞬間に「お前、今まで世話してやってきただろ」といきなり態度を豹《ひょう》変《へん》させてきたのだ。雰囲気は最悪。突然の出来事で驚くと同時に、恐怖も覚えた。

しかし、僕は何とか断りを入れるとともに、「もう一度仕事をすることがあったら、僕はいつでも握手をする準備はできています。今までお世話になりました」という言葉も付け加えておいた。すると、その半年後に「DREAM」が「GLORY」という外国資本とともに大会を開催することが決まり、僕はそのスタッフと再び仕事をすることになった。一度は間違いなく壊れた関係だったが、また握手をする機会が訪れたということだ。

結局のところ利害が一致すれば、また交わるのだから、違和感を覚えたら、躊躇いなく縁を切ってしまえばいい。常に自分の価値観を誤魔化さずに行動をすることが「自分の人生」を生きる上で大切なことだと思う。

第2章

欲望を整理する

うまいものを食べたい。カッコいい車に乗りたい。いい女と付き合いたい。口では熱い夢を語りながら、あれもこれもと欲望が散らかっている人間が多い。何が欲しいかよりも、何が要らないかを決めることが大切だ。欲を整理できない人間に、何かを達成することはできない。

足るを知る。

よくビックリされるが、**僕の家にはモノがない。僕の成功の証《あかし》でもある、チャンピオンベルトすらない。**チャンピオンという誇りはあるし、世界戦に勝ったことも当然嬉しい。

ただ、僕は思い出が自分の心の中にあればいいと思っている。ベルトも最も喜ばれるところにあるのが一番という考えから、今はシンガポールのジムに置いてある。

自分がやり遂げた証という見方もできるベルトだが、僕はそのモノ自体に価値はないと思っている。わかりにくいかもしれないが、青木真也というファイターにチャンピオンの価値はあっても、ベルトそのものには何の価値もないという感覚だ。

だから、試合で使ったグローブやコスチュームも家には一切飾っていない。インターネットで検索すれば、自分の戦績や試合映像は閲覧できる。トロフィーや賞状といった記念品はいらないから、戦績をデータでもらえればいいと本気で思っているくらいだ。

僕は、自分が持っているものについては、すべて持っている理由を説明できる。その説明ができないモノはすべて処分するようにしている。

腕時計ひとつとっても、格闘家はつけたり外したりすることが多いから、たとえなくなってしまってもいいように、高価なものを持つことはない。海外遠征も多いことから、外国の時間もすぐにわかり、雨に濡れても壊れないG-SHOCKを好んでいる。靴で言えば、裸足でやる競技ということで、素足感覚を得られるソールの薄いニューバランスを愛用しているという具合だ。

たとえ、タダでもらえるものであっても、意味のないものであったらもらわない。

格闘家という職業柄、スポンサーから練習着やシャツなどをいただく機会もある。周りからは、「スポンサーから提供してもらえるからいいよね。使い放題でしょう」と羨ましがられることもあるが、そういう問題ではない。

提供してもらう場合でも、自分がお金を払ってでも必要だと思うモノを、必要な分だけいただく。提供してもらうと本来の価値がわからなくなってしまうが、僕はモノの価値を本当に理解するためにも、自腹を切ってでも欲しいものかどうかという観点をすごく大切にしている。

僕が試合前に2カ月の海外合宿を行うときの持ち物は、グローブや練習着を入れたスポーツバッグ1個のみ。帰りは持参したサプリメントやプロテインを消費しているから、重量は10キロ以下になっている。アメリカで試合をしたときは、5キロの荷物だけだったこともあった。荷物が少ないことが好きな僕からすれば、嬉しい限りだ。

自意識過剰と思われるかもしれないが、自分が買っているモノを見られるのがとにかく恥ずかしい。生活すべてを見透かされる気持ちになってしまうからだ。大げさに言えば、買い物カゴは僕の生活の縮図。お金の使い方から生き方、人間性に至るまでさらけ出すような感覚すら抱いている。生活用品をコンビニで買うか、スーパーで買うか。どちらを選択するかを見るだけでも、何となくその人となりも浮かび上がってこないだろうか。

また、**新しいものがひとつ増えたら、必ず古いものをひとつ処分するという決まりもつくっている。**靴が1足増えたら、必ず1足は誰かにあげたりしている。それぞれのものには愛着があるから、まさに我が子を嫁に出すような思いで、当然悩んでしまう。しかし、手元に残す選択肢はない。既に必要な分はそろっている以上、使わない分は、処分することを僕は自分に義務付けている。

結局、人間の身体はひとつで、腕も足も2本ずつしかない。服や時計、靴がいくらあっても、使いきれないのならば、持っている意味はないはずだ。

一事が万事という言葉があるように、不要なものをすべて捨てるこだわりは、無駄な人間関係をなくそうとする姿勢につながっているとも言える。

僕みたいな才能に恵まれていない人間が一流を目指すのであれば、生活から贅肉《ぜいにく》を削《そ》ぎ落として、極力シンプルにするしかない。何が要らないかをハッキリさせるしかない。

流されるがままに不要なものを持ち、意味のない食事をして、価値観の合わない人と付き合っていては、本当にやるべきことに集中できない。

可能な限り、余分を捨てて生きていこうと思っている。

大きな
達成をした後も
淡々と過ごす。

僕は成功の象徴と言われるような、豪邸に住んだり、高級車を乗り回す趣味はない。キレイな女性をはべらせることにも興味はない。家は寝るだけ、車は維持費がかかる、キレイな女性には怖い人がついてきそう、というように現実的に考えてしまうわけだ。

一度だけ、練習拠点のシンガポールで、試合のプロモーションのためにチャンピオンベルトを持って超高級スポーツカーに腰掛けるという撮影をしたことがあった。

まさしく成功の象徴的な構図。僕の価値観とは相容《あいい》れなくて、恥ずかしくてしようがなかった。成功のシンボルは世界のどこでも同じなのだろうとは感じたが、とにかく時間が過ぎるまで耐えたものだ。

成功の象徴が「家・車・女」という価値観を否定することはない。魔裟斗や山本〝ＫＩＤ〟徳郁などの人気格闘家をはじめ、ほとんどの選手はこの３つに憧れてチャンピオンを夢見る。僕の考え方は圧倒的な少数派だと思う。しかし、僕からすれば、「家・車・女」という価値観ははっきり言ってダサい。

それに、**多額のお金を稼ぐことを成功の物差しにすると、際限がなくなり、自分の首も絞めてしまう。**

世界の格闘界を見渡せば、ボクシングで〝世紀の一戦〟を戦ったフロイド・メイウェザーとマニー・パッキャオがいる。２人はたった１試合で、３００億円を超えるファイトマネーを稼ぎ出してしまった。いくら稼いでも上には上がいる。お金を成功の証にする限り、いつまで経っても幸せを摑めない。

僕にとっての成功は、誰にも邪魔されずに好きなことをやれて、自分らしい生き方ができること。華やかな生活には全く憧れない。好きな格闘技をやれて、自分が暮らしやすい環境で過ごせていることが、幸せを感じられる状態だ。

カッコ良さや成功については、それぞれ基準があるはずで、誰かの基準に無理に合わせる必要はない。周りから、「地味なヤツだ」「面白みのない男だ」と思われても、自分自身が幸せならそれでいい。

ビッグマッチに勝利しても、桁《けた》外れのファイトマネーが流れ込んできても、僕は自分の生活を変えることは全くない。

六本木で豪遊することなんかあり得ないし、趣味のサウナに行くときは毎回自宅からタオルを持参する。「手ぶらセット」なんてもったいない。コーヒーショップでお茶をするとなれば、わざわざクーポンを使う。

２０１５年の年末に行われた、「ＲＩＺＩＮ」での桜庭和志戦の後のことだ。僕はインタビュースペースで記者の方々からの質問に答え終わって控え室に戻るとき、運営本部の前でスタッフに声をかけた。

「弁当ある？　残ってるよね？」

「RIZIN」は10年ぶりに地上波中継された年末の総合格闘技イベントだ。会場もさいたまスーパーアリーナで、日本における総合格闘技の最大のイベント。そのメインとして、僕は格闘技界のレジェンド桜庭和志からTKO勝利を収めた。

ビッグマッチを戦い終えた余韻が残るその日の夕食。僕が食べたのは、運営本部に残っていたシウマイ弁当2つだった。

大きな仕事をやり切った自分へのご褒美として、仲間と盛大に打ち上げをしたり、高級品を購入するという話をよく聞くが、僕は一切やったことがない。やりたいとも思わない。

自分が一番リラックスできる場所で自分の時間を過ごすことこそ最高のご褒美だと思っている。

そもそも、僕は注目されることがあまり好きでないし、自分の試合がテレビ中継で流れるようになっても、スターを気取るつもりもなく、町中で声をかけられてもちっとも嬉しくはない。つまらないと思われても構わない。

スポーツは、良い風がふくときも悪い風がふくときもある。舞い上がったり、一喜一憂して、自分のペースを崩す人間は必ずどこかで落とし穴にハマる。勝ってちやほやされても、負けてこき下ろされても、やるべきことを淡々とこなす自分でありたい。

欲望が散らかっている人間は、永遠に何も手にすることができない。

はっきり言えば、格闘技界は恵まれていない業界だ。周りからも「格闘技はお金にならないんでしょ」と言われることがよくある。

実際に格闘技だけで生活している選手はほとんどいない。日本で専業の格闘家として活動している選手は、片手で足りるくらいの人数。ほとんどの選手は、ジムでのレッスン料や、アルバイトで生計を立てながら格闘技を続けている。

テレビの選手紹介などでは、格闘技を続けるためにアルバイト生活を送っていることが、美談として扱われることが多い。日中は建設現場でバイトをして、夜はジムに通う。「やりたいことをやるために生活を犠牲にする」というストーリーは、一見すると美しいかもしれない。しかし、実際はただの〝逃げ〟でしかない。

僕からすれば、アルバイトを続けている選手たちは、プロ格闘家ではないと思っている。厳しい言い方をすれば、フリーターが格闘家の顔も持っているだけ。僕はプロの格闘家として、曲がりなりにも10年間活動してきた。当然、格闘技一本で生きているという誇りもある。

アルバイトをしながら「格闘技ができて幸せです」と満たされているような選手とは比較されたくない。僕にとって、彼らは「格闘技ではない、別のことをやっている人たち」という認識でしかない。そもそも、彼らがどれだけの気持ちで格闘技に取り組んでいるか甚だ疑問だ。

アルバイトと並行して活動しているようなファイターが、練習の水分補給のために自動販売機でドリンクを購入している姿を目にしたり、女の子と遊びに出かけた話を聞くと、片手間で格闘技をしているようにしか思えない。

彼らと話をすると、「格闘技に命をかけている」と口では言うが、行動が全くともなっていない。

「お金がない」と言うならば、水筒に水を入れて家から持ってくればいい。普段着もボロボロでいい。そうやって、どうにか捻出した費用で質の良いグローブを買い、一心不乱に練習に打ち込む方が、絶対に先につながる。女の子と遊ぶのに1万円かかるのであれば、デートを我慢してアルバイトを2日休む。その2日間を練習に充てた方が必ず力はつく。

もしも本当に強くなって格闘技一本で食べていきたいならば、エネルギーを投下すべきところは間違いなく格闘技だけだ。それ以外に費やす時間と金は無駄遣いでしかない。

良い服を着たい。良い家に住みたい。女の子と遊びたい。友達とも飲みに行きたい。家族も持ちたい。その上で「格闘技に命かけています」と言ったって、そんなの夢ですらない妄想だ。何かを得るためには、それ以外のすべてを捨てなくてはならない。

彼らは欲望もエネルギーも、すべてが散らかっているように僕には映る。すべてを我慢するくらいの気持ちがなければ、恵まれていない業界でメシは食えない。**お金も時間も限りがあるのだから、せめて頭角を現すまでは、すべてを格闘技に捧《ささ》げるべきだ。**

また、こだわりのなさも、彼らに共通するところだ。

「大みそかの大会に出たい」「アメリカ進出を果たしたい」

彼らは熱っぽく夢を口にするが、「なぜやりたいか」という理由は見えてこない。周りと同じようなことばかり語るだけで、自分自身と向き合って考えていないから説明することができないのだろう。

「みんなが食えるような業界になればいい」と格闘技関係者は言うが、逆にそれでは問題だ。**勘違いしてほしくないのは、格闘技界は恵まれていないが、食えない業界では決してない。大勢の何も考えていないファイターが食えていないだけだ。**

「チャンピオンが食えない業界はおかしい」のではない。「チャンピオンなのに食えないファイターがおかしい」ということだ。

欲望が散らかって、何も考えていないにもかかわらずメシを食える。そんな業界がまともなわけがない。自らの苦境を業界という外的要因に求めるようなファイターは、どんどん淘汰《とうた》されるべきだ。

はっきり言う。格闘技界のためにも、ダメなヤツは食えない業界のままでいい。

第3章

怒り、妬み、苦しみ、恐れ。負の感情をコントロールする

格闘技は、実際に殺されるかもしれない唯一のスポーツだ。試合前はいつでも怖い。リングへの花道は処刑台に向かう13階段のようだ。だからといって練習の方がマシなわけでもない。練習は練習で、痛く苦しい。いかに日々の苦しさと付き合い、非日常の恐怖と向き合うか。そして、怒り・妬みをエネルギーに昇華するかは、技術よりも大切なことだ。

苦しくなければ、
努力じゃない。

夜、寝るとき。対戦相手のことが頭に浮かぶ。相手の拳を顔面に受けて、骨がきしむ。自分の意識が失われていくイメージが脳裏をよぎる。

僕は、試合が怖い。相手は僕を殺しにくる。実際に、「失神させてやる」と宣言されるわけで、動じていないそぶりを見せるが、すごく怖い。

試合を控えて、すべてを投げ出そうと思ったこともある。

2008年のことだ。強烈なパンチを武器に、数々の選手をリングに沈めてきたアメリカ人のエディ・アルバレスとの試合前。当時住んでいた練馬区の武蔵関から練習場のある大久保まで、ビッグスクーターで移動する際、中野警察署の前に差しかかったときだった。

このままどこかに突っ込み死ぬことができたら、どれほど楽だろうか――。

本当に身勝手な話だが、そう思い詰めてしまうほど、とにかく試合が怖かった。

僕は本来、弱い人間。当時は怖いという感情をさらけ出すことができずに、自分で自分の首を絞めていたところがある。今ではある程度コントロールできるようになってきたものの、怖さが完全になくなることはあり得ない。

怪我をして、目が見えなくなってしまうことを考える。実際に殺されることも頭をよぎる。

カッコつける必要もないから明かすが、僕は強敵と戦いたいと考えたことはない。殺される恐怖を感じる相手との対戦は、できる限り避けたい。ところが、たとえどんなに格下の相手でも、ラッキーパンチ一発で負ける可能性は残る。

もしも負けたら、今あるものすべてがなくなる。チャンピオンからも陥落する。これだけ生意気なことを言って負ければ、メンツも潰れる。今まで築いたキャリアは否定され、明日からメシが食えないかもしれない。家族を路頭に迷わせることだってあり得る。

いろんな種類の不安と恐怖が浮かんでは消え、浮かんでは消えていく。試合が決まってからの数カ月間、僕は常に恐れと戦っている。

では、試合が決まらなければ苦しくないかといえば、そんなことは全くない。**試合が決まらない中での練習は、あてもなく砂漠で歩き続けているようなものだ。**

格闘技の練習は、基本的に痛くてつらい。やり場のない思いを抱え、毎日の練習をこなしていると、早く誰かと戦いたいという欲求が抑えられなくなる。こんなつらい練習に耐えて試合が決まらなかったらどうしようという不安と、この日常から逃れたいという苦しみに襲われる。「早く試合がしたい」という欲求が日を追うごとに大きくなっていく。

そんな中、いざ試合が決まれば奮い立ち、興奮もする。しかし、それは負ける自分も想像する不安が入り混じった感情。あれほど渇望した試合も、近づくにつれて「やりたくない」「試合が決まる前に戻って、もっと練習がしたい」と思ってしまうのだ。

要は、試合があろうがなかろうが苦しいことに変わりはない。

格闘家は、常に苦しみの中にいると言ってもいい。その苦しみの中で、勝利に向けて、最後の一滴の汗を絞り出すまで練習に取り組む。そうすることで、勝利を1ミリでも引き寄せられると自分に言い聞かせ、今日を生き延び、明日を迎える。

もちろん勝負は運に左右されることもある。ただ、試合に向けて自分ができる100％の過程を踏んでさえいれば、どんな結果に落ち着こうが納得できると思っている。

僕の考えでは、良い過程と良い結果が生まれたら成功。良い過程と悪い結果ならば、運がなかったと思える。時には悪い過程でありながら、良い結果が生まれることも出てくる。それが幸運だ。そして悪い過程と悪い結果であれば、失敗となる。

良い過程×良い結果＝成功
良い過程×悪い結果＝不運
悪い過程×良い結果＝幸運
悪い過程×悪い結果＝失敗

負けたとき、ダメだったと落ち込むことは誰でもできる。**しかし、負けを、「意味の**

ある負け」にするためには、本当に苦しい練習に耐え抜かなければいけない。適当にやって出た結果なんかに何の意味もない。だから僕は今日も苦しみ続ける。

「負けろ」「死ね」という言葉を自分のエネルギーに変える。

僕はコンプレックスに塗《まみ》れている。

選手として華がないこと、一流企業に勤める同級生たちへの嫉妬、格闘家は貧乏という社会的なイメージ、そして、業界からの評価。僕の心は、今も全く満たされないままだ。

世界チャンピオンに上り詰めても、僕は自分が正当に評価されていないと感じている。否定されているという思いも強い。格闘技界ではアウトサイダーと見なされ、若手選手から憧れられているわけでもない。僕は昔から業界を腐す発言を多くしているが、その数々の言葉の根底には大きな不満がある。だから僕は常に怒っている。

「なんでお前らは、俺を評価しないんだ」

いくら結果を残そうと、格闘技雑誌の表紙を何度飾ろうと、僕の心はまるで満たされない。**僕はいつか、業界の連中全員の首根っこを摑んで、自分の価値を認めさせたいと思っている。**認められたいのではなく、あくまで認めさせたいという思いだ。

周りを見渡してみると現状に満たされ、コンプレックスを抱いていない選手は数多い。しかし、僕は「格闘技、最高です。青木真也、最高です」とは、全く思うことができない。僕は常にイラついている。

「なんでお前らは、俺を評価しないんだ」

この思いは、格闘技界の内輪に対してだけではない。世間に対しても同様だ。

僕はインターネットで、自分の名前を検索することがよくある。所謂、エゴサーチという行動だ。芸能人でも、自分の評価を気にして、エゴサーチをする人が多いようだ。もちろん、インターネット上の書き込みなんて、大半が悪口、誹謗《ひぼう》中傷だから、人によっては全く検索しないこともあるという。

しかし、僕は、自らを突き動かす燃料を探し、夜な夜なエゴサーチをしている。

検索すれば基本的に、「青木死ね」「青木負けろ」というような罵詈雑言の嵐が目に入る。それらのコメントを見れば、とてつもなく腹が立つ。全く慣れることはない。

たまに、好意的な内容を目にすることもあるが、嬉しくはない。別に称賛が欲しいわけではなく、むしろ僕を怒りに駆り立てる材料を望んでいるからだ。

自分へのネガティブな評判に触れることで、「この野郎、いつかわからせてやる」という感情が、身体の深いところから沸き立ってくる。中には見当はずれの意見もあったりするが、しっかりと血をたぎらせてくれる。

僕はこれまでにも、業界からの低評価や世間からの悪評をエネルギーに、「負けろ。負けろ」と大合唱された試合に勝ってきた。

しかし、その結果を受けて大半のアンチ青木が黙ってしまうことが残念で仕方がない。

別にアンチからファンに変わってほしいわけではない。一貫性がなく聞こえるかもしれないが、「勝ったのだから、俺を認めろ」とも思っていない。**勝ってもなお、自分に対する批判を望んでいる。**

「青木が倒れる姿を見たい」と願われ、僕は勝つことでそいつらの期待を裏切る。その上で、更なる憎悪を僕にぶつけてほしいのだ。

「青木真也」は嫌われ者だ。嫌われるということは、感情を揺さぶっていることでもある。話題に上らず、ただ通り過ぎられるようでは、まだまだ甘い。ただの勝ち負けだったら、アマチュアで十分。観客の感情を揺さぶるからこそプロであり、感情の起伏をつくり出すことに価値があると思っている。

僕はこれからも満たされず、怒りを抱えていくことになる。

ネガティブなことを考えても意味がないと、口にする人もいるが、僕はそんなキレイごとを言う気にはなれない。**コンプレックスと怒りは、自分を突き動かす原動力だと断言できる。**僕の様々なコンプレックスは、これからも解消されることはないだろう。どれほど勝ち続けても、青木真也を嫌うアンチは消えないはずだ。

「なんでお前らは、俺を評価しないんだ」という怒りがなくなることはない。

だからこそ、僕はプロのリングに立ち続けていられる。

結果さえ出せば、
他人《ひと》はいつでも
手のひらを返す。

スポーツには、世界が変わる一戦がある。ひとつの勝利によって一気にスターダムにのし上がる、ターニングポイントと言うべき試合だ。僕の場合は、「DREAM」時代の2008年に行われたブラジル人のJ・Z・カルバンとの対戦になる。

彼とは2度対戦したが、1度目は相手の偶発的な反則で、ノーコンテストに終わってしまった。トーナメントの試合だったことで、1カ月半後に再戦が組まれることになった。

実は相手選手の強さというものは、試合前にわかっていることが多い。格闘家としての本能なのか、それぞれの選手の強さというのは、身体から醸し出される〝匂い〟で何となく嗅ぎわけられるもの。その感覚はほとんど外れることがない。計量の時点で「コイツはやばいな」と感じることもあるし、会見で握手でもしたら、相手の強さをほぼ感じ取れてしまうくらいだ。

カルバンは筋骨隆々のガッシリとした体型で、ものすごい破壊力のあるパンチを打ち込んでくる剛腕ファイター。「DREAM」の前身である「HERO'S」という団体で、2年連続で世界王者となった、総合格闘技界のトップ選手だった。

彼と向かい合ったとき、僕は瞬時に「殺されるかもしれない」と感じた。実際に1度目の対戦で拳を交えたら、その直感は外れていなかったことがわかった。2度目の対戦を前にして、「コイツには勝てない」とはっきり自覚してしまった。

カルバンとの2試合目を放棄できれば、どれだけ楽かと思った。しかし、当然ながら投げ出すことは許されない。関係者やファンからのプレッシャーを感じながら、本能で負けると感じている試合に挑まなければならず、僕はかなり追い詰められていた。誰にもすがることができない状況では、大げさではなく世界の全員が敵に見えた。

そんな逃げ場のない苦しみの中で迎えた2試合目では、鉄槌《てっつい》のような打撃の連打を受け、意識が飛んだ。レフェリーに試合を止められてもおかしくない状況の中で、カルバンの攻撃を凌《しの》ぎ、形勢を逆転した一連の流れでは、無意識の中で身体が勝手に動いていた。魂をむき出しにし、死に物狂いで食らいついた末に、判定勝利を掴むことができたのだ。

判定を聞いた瞬間、リング上だったが涙がとめどなく流れてきて、バックステージに戻ってきたときには、「俺は勝った。博打《ばくち》に勝った」と思わず叫んだ。極限状態で臨んだから、自然と感情が溢《あふ》れて自分でも抑えられなかった。

カルバン戦は、結果として僕に多くのものをもたらしてくれた。

彼のような有名選手を下すインパクトは絶大で、自分の価値は一気に跳ね上がった。ファイトマネーは急騰し、周囲のスタッフの対応も一変した。**試合前の誰にもすがることができなかった状況から、天地がひっくり返ったかのように、人々が手のひらを返してきたのだ。**

何とかして勝ちをもぎ取った経験は、リングで対角線上に立ったらどんな相手でも勝ってやるという気持ちをつくる上で、今でも大きい。あの試合があったからこそ、「どんな相手でも、向かい合ったら殺してやる」という感覚を持って試合に臨めるようにもなった。**どん底から這《は》い上がった経験は、間違いなく僕を強くしてくれた。**

ただ、**評価が一変するような経験をして、人々がどれほど簡単に手のひらを返すかも、わかった。**カルバン戦では評価が上がったが、その逆もまた然《しか》りで、仮に注目度の高いビッグマッチで負けたり、勝てない試合が続いたりでもしたら、僕にすり寄ってきた人たちは潮が引くようにいなくなることも覚悟している。

今では、極限まで追い詰められたとしても、「結果が出たらみんな俺になびく」と思えるから、あまり悲観的にならずに平静を保てる。だから、僕は苦境にあえいでいるファイターを見かければ、「今がどれだけ苦しくても大丈夫だ。お前が勝てば絶対に評価は一変する」とアドバイスをすることも多い。「世の中はそんなものだから、あんまり人を信用するな」と。一発逆転があるスポーツでは、自分の評価を一変させることができるとともに、時に人々がいかに薄情かを思い知らされることがある。

だからこそ、**どれほど苦境に立たされても、最後の一瞬まで諦めなければ、世界が変わる可能性は残されている。**

「殺される」恐怖との向き合い方。

僕は生きるか死ぬかの恐怖から生まれる緊張感を大切にしている。**殺してやるというオーラを纏《まと》うためには、殺されるかもしれないという恐れを持つことが必要だ。**ヒリヒリするような緊張感のない状態では相手を威圧するような空気を放つことはできない。緊張と緊張感は似て非なるもの。緊張は身体を強張《こわば》らせてしまうが、緊張感は高いパフォーマンスを発揮するために集中ができている状態だ。

僕は以前は、試合が決まると何カ月も前から緊張感を高めるような工夫をしていたが、今は試合直前に一気にギアを上げるようにしている。殺気を纏った状態を長期間にわたって維持していては、どうしても心身が悲鳴をあげてしまう。今では、会見や計量といった時々で、スイッチを入れることによって、自らの雰囲気をガラッと変えられるようになった。

もちろん、はじめからコントロールできていたわけではない。いいパフォーマンスをするために、試行錯誤した結果だ。身も蓋もない表現をすれば、**結局はどれだけ場数を踏んだかにかかってくるということだ。**大仕事を前に、いかに自分の気持ちを高められるかは、格闘技に限らず多くの人が直面する悩みかもしれないが、いくつもの困難な仕事をやり抜くことで、うまく扱えるようになる。

試合直前は、会場入りしても控え室で寝ていられるほど、比較的落ち着いている。気持ちのスイッチを入れるのは、試合直前のウォーミングアップを終えた頃だ。

身体が温まり、汗で濡れた練習着から試合用のコスチュームに着替えたとき、一気に緊張感が高まる。控え室は殺伐とした空気に変わり、誰も僕に話しかけられなくなる。

大会のスタッフが「スタンバイお願いします」と声をかけてきても僕は全く気にしない。**たとえ準備が整っていなくても、慌てることなく自分のペースで進めるようにしている。「急いでください」と言われ、自分の流れを狂わされるのが最悪なのだ。**

「うるせえ黙ってろ！」「俺が出ないで試合がはじまるのか」と周囲に怒鳴り散らす。

周りがどんなに急《せ》かしても、会場のファンが焦《じ》れていても、自分の状態が整うまでは動かない。誰にも乱されることなく、自分の〝間〟で進めることが何より大事だと考えている。若手選手や海外で試合をする選手が、本来の力を出しきれずに負けてしまうのは、大体が自分の〝間〟ではなく、周囲の〝間〟で試合に臨んでしまっているからだ。

入場ゲートが開き、入場曲であるウルフルズの「バカサバイバー」が流れる中、リングへと続く花道を歩きながら、僕の恐怖は最高潮に達する。

選手によっては、両脇が観客で埋まる花道を歩くことで気分が高揚し、「熱い試合をしてやる」と盛り上がることもあるという。羨ましいというよりも、めでたい野郎だなと思う。

僕にとって花道は、処刑台へと続く道。自分の意志と自分の足で、処刑台への13階段を踏みしめているのだ。

もし誰かがリングに連れていってくれるのならば、それが一番いい。**恐怖におののく両足を自らの意志で交互に動かし、リングへと歩いていく時間は、気持ちが重くなる。**楽しいと思ったことは、デビュー戦から今の今まで一度もない。

臆病さや弱気なところは、ファイターらしくないと思われるかもしれない。しかし勝負師という人種は、細心かつ繊細であるべきだと、僕は考えている。

大勝負であればこそ、僕は自分のペースを崩さない。誰にも乱されることなく試合までのルーティンを守り、普段と同じペースで進める。

数万人の前で殴り合いをする格闘家は、常人では理解できないような神経の持ち主とイメージされがちだが、メンタルの強さは一般の方と何ら変わらない。緊張感もあるし、恐怖も感じる。逆にそれらを感じない選手であれば、大した実績も残せていないものだ。

恐怖心に立ち向かうため、僕は「ウォーミングアップを含めたルーティン」「すべて自分の〝間〟で行動すること」「緊張感を誤魔化さず身体で感じること」を心がけている。

大事なのは緊張感をなくすことではない。精神をおかしくさせるほどの感情とうまく付き合うことだ。

極限の興奮状態にあるときこそ平均台の上にいるような臆病さを持つ。

試合で高いパフォーマンスを発揮するには、テンションを落とすことが必要だと思っている。

試合前の恐怖を乗り越え、ギアがトップに入ったとしても、リングに上がれば一段下げなければいけない。気持ちが最高潮に盛り上がっていては、冷静に試合を運ぶことはできない。しかしテンションがハイになった状態で、本能のおもむくままに戦うという、世間のイメージ通りのファイターは数多い。

実際に「アドレナリンが全開となって、緊張や痛みを感じずに戦えた」というコメントを聞くこともよくある。ただ、僕はその状態は入れ込みすぎだと捉えている。戦う上での冷静さを失っているということだ。

僕は、総合格闘技の試合は、平均台の上で戦っているようなものだとイメージしている。平均台の上を勢いに任せて、猪突猛進《ちょとつもうしん》のごとく走ってしまったらどうなるだろうか。すぐに足を踏み外して、下に落っこちてしまうはずだ。

ここで言う「下に落ちる」というのは、相手に隙を見せてカウンターパンチをもらったり、老獪《ろうかい》な相手のワナにハマってしまうことに当たる。

狂気に駆られて冷静さを失っているような状態では、間違いなくやられてしまう。

格闘技の試合は、殺し合いでもある。ルールがあるとはいえ、冷静に考えれば異常な状況だ。いくら工夫して練習しても、試合の緊張感を再現することなど不可能だ。「普段通りにやれ」というアドバイスも、〝普段〟ではあり得ない状況なのだから、通用しない。だからこそ必要なのは、強い警戒心だと思っている。

平均台の上では、いかに興奮せずに、あらゆるリスクに対して臆病になれるかが、文字通り生死を分けるはずだ。

僕自身は、リングに上がれば、常に自分を俯瞰《ふかん》しようと心がけている。

試合になれば、寝技の攻防時や組み合っている状態でも、自分と相手がどのようなポジションになっているかは当然把握できている。観客がどれくらい沸いているかも認識でき、レフェリーがどんな動きをしていて、どのタイミングでブレイクをかけてくるか、判定する3人のジャッジが僕らにどのような視線を送っているかまですべて見えている。

セコンドとは、戦況に応じて会話をすることもある。常に口で言葉を発しているわけではないが、アイコンタクトで「相手を抑え込んでいるから大丈夫」とサインを送ったり、指示を聞きながら、それに従うかどうかを伝えている。試合後に、「指示の声は聞こえていたけど、違う選択をした」というように話し合うこともあるが、意思疎通は基本的に、戦いと同時進行だ。

相手を目の前にしても、冷静さを失わないでいることができれば、試合における局面ごとの選択にも迷いはない。

僕が、関節技で相手からタップアウトを奪うことが多い理由は、決して自分から無理やり仕掛けているからではない。ミスをさせるようにプレッシャーをかけて、関節技を取りやすい状況に追いやっているからだ。

一度有利なポジションを奪ったら、ミスをしないことに気をつけ、その体勢を維持することを最優先にしている。

相手はジワジワと攻められている感覚に陥り、しびれを切らして形勢逆転を狙ってくる。僕はその隙を逃さずに、空いた首や腕を締め上げているだけと言っていい。

僕らは他のスポーツとは異なり、定期的に必ず試合が回ってくるわけではない。年に数回しかない試合に、自分のすべてを合わせていかなければならないのだ。

総合格闘技は、イケイケで攻めのスポーツという印象が強いが、本質は相手にミスをさせるスポーツだと考えている。格闘技の試合を平均台の上での戦いにたとえたように、「ぶっ殺してやるよ」という選手は怖くない。攻めるだけの姿勢なら、平均台の上でも平気で暴走し、勝手に自滅してくれる。**逆に「ぶっ殺される」という可能性を考えている選手の方が、相手としては絶対に怖い。彼らは自分たちを抑える姿勢も持ち、平均台で走ることもないからだ。**

第4章 一人で生きていくためのサバイバル能力の養い方

僕は所属団体の消滅を2度経験した。安定していると思った職場を突如失った。フリーで生きていく上で大切なことは、自分の市場価値を正しく認識し、その価値を上げていくことだ。それさえできれば、不安定な状況こそ一番安定していると考えることが可能になる。

バブルに踊らない。

僕は結果的に、バブルに踊っていたことになる。

早稲田大学の柔道部をクビになった大学3年生のとき、部活と並行して活動していた総合格闘技で、プロデビューを果たした。4年生だった2006年には、国内トップ団体のひとつである「修斗」でチャンピオンにまで上り詰めている。

ところが、チャンピオンとはいうものの、当時もらっていたお金は、現実的に生活できる額ではなかった。はじめてのファイトマネーは5万円。チャンピオンになっても、1試合で約20万円だったから、1年に4試合こなしても100万円に届かない。

早稲田大学の同期は、上場企業やマスコミへの就職が決まって高給が約束されていた。

「自分の値段はこんなものなのか」と劣等感にさいなまれ、一度は格闘技から足を洗う決断を下した。静岡県警に就職することにしたのだ。

ところが、大学卒業直前に「PRIDE」からオファーが届いたのだ。

4月の就職が間近に迫っていたことで、一度は誘いを断って警察官を選んだものの、当時の「PRIDE」の勢いはとにかくすごかった。テレビのゴールデンタイムに大会が放送されれば、軒並み高視聴率を記録。毎年大みそかに開催されていた「男祭り」は、年末の風物詩として定着していた。世界最高峰のリングとして、間違いなく格闘技界をリードしていたのだ。

「修斗」では微々たるファイトマネーだったけれど、メジャーシーンに君臨する「PRIDE」でうまく波に乗れれば、「ひと山当てることができる」「一攫千金を狙える」という〝匂い〟があった。「PRIDE」参戦を決意すると、現実的な就職先として選んだ警察官を2カ月で退職。再び格闘技界に飛び込んだ。

もし格闘技界が今のように下火の状況だったら、警察官を辞めるという選択はしなかったかもしれないが、当時は時代が良かった。「PRIDE」とは月給に加えて、賞与扱いでファイトマネーをもらえるという2年契約を結ぶことができた。1年目は年間で4試合こなして、700万円から800万円をもらえる契約。年収も警察官時代より上がった。

僕は当時から、契約交渉は自分で行っている。格闘家の契約は、1試合ごとにファイトマネーをもらう形が基本。しかし、僕は試合で怪我をして生活ができなくなってしまうような状態では、性格的に練習に集中できないと考えていた。たとえ1試合分のファイトマネーが下がったとしても、安定した月給が欲しいと団体側と交渉した結果、当時としてはおそらく唯一の契約体系を勝ち取れていた。

「PRIDE」には、2006年8月に初参戦すると、初戦から4連勝。月給に加えて、試合をすればするだけファイトマネーが入ってくるから、モチベーションも上がる。試合をすることが好きということもあったけれど、**当時「なんでそんなに試合をこなすんだ」と聞かれたとしたら、「試合をすればお金が入ってくるから」と答えたと思う。**

怪我のリスクこそあったけれど、自分の強さを磨き続ければどうにでもなると考えていた。それこそ、公務員のように安定していると思っていた。自分が成長する限り、食っていけるはずだと。しかし、**「誰でも連れてこい。やってやるよ」という勢いで勝ち続けていたときに、「PRIDE」が突然なくなってしまった。**

「ＰＲＩＤＥ」と僕の契約は２００６年の7月からだったが、翌年の4月の大会を最後に「ＰＲＩＤＥ」はアメリカの「ＵＦＣ」に買収されてしまった。安定した契約も10カ月ほどで終わってしまい、当然月給ももらえない。いつも入金されていた日に、お金が入ってこなくなった。

当たり前だと思っていたお金が、いきなりパッタリともらえなくなる。いざ現実に直面してみると、とにかく恐ろしかった。身体中から汗が出てきて、目の前が歪《ゆが》んで見えた。

そのときはじめて、「ああ、お金はこうやってもらえなくなるんだ」と思い知らされた。

「これが会社が潰れてしまう感覚か」と。あるいは、リストラされる感覚と言えるかもしれない。永遠に続くかと思っていた格闘技の勢いは、バブルでしかなかった。**弾けないバブルはないのだから、大事なのはいかに我を忘れず、己の価値を地道に上げていくかだと、身に染みて学んだ。**

不安定に飛び込む。

組織が崩れていく過程を、その中心で最後まで見られたことは、僕の人生において本当に貴重な経験となっている。

世の中のことを積極的に勉強し始めたのは、「ＰＲＩＤＥ」の消滅が引き金だ。一人で生き抜くために、インターネットの記事や書籍を読み漁り、格闘技以外の情報をどんどん吸収するようになった。「意識高い系」と揶揄《やゆ》されるかもしれないが、先が見えない恐怖心に打ち勝つためには、そうならざるを得なかった。

会社が潰れるということを目の当たりにしたという意味では、「ＰＲＩＤＥ」後に誕生した「ＤＲＥＡＭ」での経験も大きい。

「ＰＲＩＤＥ」消滅後、選手全員が買収元である「ＵＦＣ」に移籍できるという話があった。一方で、「ＰＲＩＤＥ」なき日本でも、新たな団体をつくる動きがあった。選択肢は、「ＵＦＣ」に参戦するか、日本の新団体を待つかという2択。僕は新団体である「ＤＲＥＡＭ」で戦うことを選んだ。

再び安定した収入を得ることができ、設立初年の２００８年には7試合をこなした。月給以外に多額のファイトマネーが入ってきて、その上トーナメントの賞金までもらえる。勢いに乗ると、一気にチャンピオンまで上り詰めることもできた。

ただ、**いくら戦いが順風満帆であろうとも、もう頭の中からは安定という2文字は消**

え去っている。「DREAM」がはじまったときから、僕はこの最高の状況がいつまでも続かないことを見越していた。

すると、設立翌年の2009年には「DREAM」の運営に関する良くない情報が聞こえ始めた。チャンピオンという立場や実績から、団体の中枢にいた僕は、様々な情報を仕入れることができていた。「あの人はこう言っていた」「この人はこう言っていた」と、多方面からの話を総合していくと、運営が厳しい状況に陥っていることはすぐにわかった。

「次回大会の会場をキャンセルした」「会社が前年度の税金を納めていない」

耳に入る噂は、どんどん危うさを増すばかり。とはいえ、会社がすぐに倒産することはない。前段階として、ファイトマネーの遅配や未払いがはじまる。案の定、「ファイトマネーをもらっていない選手がいる」「経費が精算されない」という声が、選手から聞こえてくるようになった。

イベントを打てば自転車操業でとりあえず現金が入ってくるから、少しずつ支払うことができる。しかし、徐々に金回りが悪くなり、結局は真綿で首を絞められるように苦しくなっていくわけだ。

僕はファイトマネーの振り込みを確認することまでが、自分の仕事だと思って用心していたし、中心選手だったこともあり、未払いを被ることはなかった。一番効果的だったことは、**1試合でもファイトマネーが支払われなければ、次の仕事は受けないと決めていたことだった。**それで嫌なヤツだと思われたって構わない。

命懸けで戦った結果、ファイトマネーが支払われないということはそれこそ地獄だ。**しっかりと仕事をする代わりに、その対価もきちんともらう。プロである以上、そこに情が入り込む余地はない。**

最終的に「DREAM」の運営会社は倒産してしまったが、当時は既にいろんな情報を聞いて心の準備はできていた。いざ倒産を告げる電話を受けたときも、呼び出し音を聞きながら「これはその電話に違いない」という予感もあったくらいだ。

「PRIDE」と「DREAM」がなくなったという衝撃は、僕の価値観に大きな影響を及ぼした。**最初は「PRIDE」のような大きな団体に雇用されることが安定だと考えていたが、実はそれが一番のリスクだったということがわかった。団体の浮き沈みで生活が左右されるようでは、話にならない。**

雇い主に依存せずに、「青木真也」という格闘家の価値を上げていけば、たとえ団体が潰れても生き抜いていける。

フリーランスは保障もなく不安定な立場とよく言われるが、実は不況に一番強いと思っている。組織にぶら下がることなく、安定を捨ててこそ、本物の強さが得られる。

自分に値札をつける。

僕の場合、ファイトマネーは、自分の環境が変わったときに上がってきた。サラリーマンで言ったら転職のタイミングになるだろうか。

警察官を辞めて「PRIDE」に参戦したとき。「PRIDE」が潰れて「DREAM」が立ち上がったとき。そして、「DREAM」がなくなった後の2012年7月に、シンガポールを拠点とする「ONE FC」と契約したときだ。

同じ団体や会社にいても、条件はなかなか変わらないもの。**自分の値段を知るためにも、一度マーケットにさらされるのは大事なことだ。**

僕はいずれの場合も、前所属団体よりも好条件で迎え入れてもらってきたが、決して偶然ではない。「PRIDE」時代から「**自分の値段がいくらなのか」と常に考え、誰もが欲しがるような人材でいることを意識してきた。**

代えがきかないファイターは、自然と商品価値は高くなる。強いのは当たり前で、他に似たような選手がいないことが、付加価値として重要になってくる。僕に関して言えば、チャンピオンという価値に加え、誰も見たことのないようなトリッキーな寝技を数多く持っていたから、魅力的なオファーが届いたのだと思う。

「アスリートなんだから、魅せ方なんか考えずに競技だけに集中すればいい」という意見もあるかもしれない。だが、格闘家はサッカー選手や野球選手と違い、良くも悪くも実力に比例して給料が上がるわけではない。自分自身で商品価値をつくり上げていかなければ、どんどん淘汰されるような世界で生きている。他人と同じことをやっていたら埋没してしまうから、差別化を図る必要があったのだ。

僕が「ＯＮＥ ＦＣ」と契約したときは、アメリカの「ＵＦＣ」からもオファーがあった。しかし、「ＯＮＥ ＦＣ」が提示してきたのは、「ＵＦＣ」の2、3倍という破格の条件だった。**僕は、そこで2つの団体を比べることができたが、選択肢のない選手は一方的に買い叩かれてしまったはずだ。**

当時は日本の団体が次々になくなっていた時期で、ほとんどの日本人選手は「ＵＦＣ」に参戦する以外の道はなく、向こうの言い値がそのまま選手の値段になってしまっていた。「ＵＦＣ」は極端なまでの実力主義で、システマチック。負けたら別の選手とどんどん入れ替えられてしまう。選手は団体のシステムに組み込まれ、歯車として次々に消費されてしまっている。**一方的な流れに飲み込まれることを避けられた意味でも、多くの団体から欲しがられる存在であるための、僕のブランディングは間違いではなかったはずだ。**

また、待遇アップのためには、自分自身の価値の向上とともに、買い叩かれないための交渉も欠かせない。

交渉についてては、言葉への不安や各団体に売り込みをしてくれることもあってか、海外団体に参戦したほとんどの選手は、エージェントに頼っているのが現状だ。しかし、格闘技界が未熟ということもあってか、エージェントの取り分は非常に大きい。ギャランティーの30％以上という場合もザラにある。

取り分の問題や、知らないうちに不当な契約を結ばれることを避けるためにも、僕はすべての交渉を自分一人で行うようにしている。交渉は多岐にわたって骨の折れる作業だが、**最低限のルールとして〝値段交渉は受けない〟と決めている。**

契約の交渉は通常、団体の事務所で行うものだが、僕は事前に「ファイトマネーを値切るなら会わない」と伝えている。商品としての自分の単価を一度でも下げてしまうと、次戦や他団体との交渉においても、際限なく下げられてしまうからだ。

中には、**ギャランティーが安くても「いいな」と思う仕事もあるが、やりたい気持ちをグッと抑えて、はっきりと断るようにしている。**自分から「試合に出させてください」というような姿勢では、相手も「試合に出させてあげる」と足元を見てくる。極端な話だが、「タダでも出られればいいんだろ」と甘く見られることにもなりかねない。都合の良い選手ではなく、相手に「出てくれませんか」と、求められる選手になることは必要だ。

フリーランスにとって、自分の価値を自分でつくるという意識は大切だ。いいように食い物にされてから気づくようでは甘い。

常識に従うことで、自分の枠を狭めてはいけない。

僕は総合格闘技のファイターでありながら、プロレスのリングにも上がっている。アントニオ猪木さんが会長を務める団体である、「イノキ・ゲノム・フェデレーション」（ＩＧＦ）に参戦している。

現役の総合格闘家がプロレスに参戦することは、常識外れと言える。現在の日本人ファイターでは、僕以外には見当たらない。

何しろ、総合格闘技とプロレスでは、同じリングで戦い合うといっても似て非なるもの。その両方をやるなんて邪道だという考え方が一般的だ。同じ格闘家からも、観客からも、批判されることは多い。

以前は、「ＰＲＩＤＥ」に多くの日本人プロレスラーが参戦していたが、ほとんどのレスラーが敗れ去っていき、それによってプロレスの人気がかげっていった。

プロレスを飲み込んだことで総合格闘技のブームが到来したが、今はそれと入れ替わるように、新日本プロレスが再興してきている。

そして、かつて盛んだったプロレスと総合格闘技の交流も、今ではほとんどなくなった。

もはや、サッカーと野球のように、全く違う競技という感じだ。

しかし、僕の中では、両者をあまり区別していない。

たとえるなら、カレーとラーメンどちらが美味しいかを比べることはできない、といったところだろうか。

総合格闘技とプロレスでは、ルールやレギュレーションは違うけれど、ゴールは同じ、お客さんを満足させるということ。**あくまでもお客さんのニーズが一番重要であって、満足させる手段がカレーかラーメンかどうかは、結局こちら側の都合でしかない。**

そもそも、格闘技における強さという定義も実に曖昧なものだと思っている。ルールが変われば強さの序列なんか簡単に変わってしまう。

ちなみに、現時点で僕の考える日本最強の男は、新日本プロレスの棚橋弘至になる。なぜならば、今、日本で最も儲かっているリングは新日本プロレスで、そのトップが棚橋だからだ。「あれはプロレスだから、本物じゃない」というのはナンセンスだ。

元はといえば、僕はプロレスファンだった。何しろ、１９９０年代の新日本プロレスは会場で観戦するほどずっと追いかけていたくらいだ。２０１５年には憧れの選手だったケンドー・カシンと、「ＩＧＦ」で戦える幸運にも恵まれた。

ただ、憧れだけが、参戦の理由ではない。

僕は自分の肩書を、「総合格闘家」と限定してはいない。あくまでも肉体労働者という感覚でいる。総合格闘家という枠を自分にはめて、行動を制限しないようにしている。

なぜならば、**先入観にとらわれず多ジャンルに積極的に挑戦することは自分の幅を広**

げてくれると考えているからだ。

プロレス参戦に関しても、その部分が一番大きい。実際に、プロレスに触れることで、間違いなく自分の価値観は多様になったと言える。

総合格闘技では、「勝つか、負けるか」という結果に重きが置かれる。お客さんの関心もそこに集約されていると言っていい。

それに対して、プロレスは〝決め事〟がある中で、どれくらいその枠からはみ出し、お客さんを沸かせるかが重要だ。もちろん、枠の中からはみ出しすぎては言うまでもなくアウト。その微妙なラインを当意即妙に探り当てなければならない。

「底が丸見えの底なし沼」とも言われるプロレスは奥が深く、学ぶものは非常に多い。

相手の良い面を引き出しつつ、自分の長所も発揮して、お客さんを喜ばせる。この感覚は、プロレスならではのものだが、総合格闘家としても大いに生かせるものだ。

人は食べるものによってその身体が変わるように、格闘家は触れる情報と経験によってその強さが変わってくると思っている。

「俺は総合格闘家だ。だから、プロレスに参戦することはない」という、他の多くの格闘家と同じような意味のないプライドを持っていたら、この学びは決して得られなかったと思っている。

負けを
転がす。

今までの試合のベストを挙げるならば、長島☆自演乙☆雄一郎選手との戦いになる。２０１０年の大みそかに行われ、寝技が得意な総合格闘家である僕と、立ち技で活躍する長島選手が戦った異種格闘技戦だ。１ラウンド目は立ち技ルールで、寝技の攻防は禁止。２ラウンド目に総合格闘技ルールとなる、変則的な試合だった。

１ラウンド目は、完全に相手の土俵。いくら打撃の練習を重ねても、本職のキックボクサーが相手となれば、さすがに分が悪い。だから、僕は勝つために、とにかく時間稼ぎをした。いくら卑怯と言われても、クリンチを多用したり、ドロップキックを放ったまま倒れ込んだりして、まともに戦わなかった。反則負けギリギリのところで逃げ回った。

１ラウンド終了後には観客席からブーイングも聞こえてきたが、勝つためには仕方がないと割り切っていた。とにかく１ラウンドで相手の打撃を回避することさえできれば、寝技が解禁される２ラウンド目で、一気に勝負をかけられるという思いだった。

そして、作戦通り１ラウンドを無傷で乗り切り、迎えた２ラウンド。当然、僕が簡単に主導権を握るはずだった。しかし、開始直後、寝技に持ち込もうとタックルを仕掛けた瞬間、カウンターで相手の膝蹴りをまともに食らってしまった。結果は失神ＫＯ負け。漫画のような展開に、会場は大爆発。多くの観客が「青木ざまあ見ろ！」と思っていただろう。

正直に言うと、負けた後の1年くらいは苦しかった。文字通り「地獄」に落とされたような気分にもなり、試合を見返すことはできなかった。

自分の中でこの負けを消化するまでに、かなりの時間がかかった。ただ、時間が経ったことで、試合に対する自分の考え方にも変化が出てきた。

あの試合は、僕が日本中の恥さらしになった一方で、格闘技を普段見ない人の間でも話題になり、良くも悪くも僕の知名度を上げてくれた。世間の人が「あの青木真也」と言うときの「あの」は、この敗戦を指している。**どんなものであれ、「あの」を持っていることは選手としての僕の価値になっている。**

今では、あれが僕の「代表作」であり「財産」だと言うことができる。

勝負事はどれだけ勝ちに徹しようと、負けるときがあるものだ。偉そうなことを言って負けたときには、世間から叩かれたり、バカにされる。それは、正直言って苦しい。

しかし、**大事なのは「負けを勝ちにする」ということだ。**

派手な負けは「こんなにおいしいことはない」と捉えることもできる。負けを転がして自分の代名詞にしないともったいない。

もちろん、試合前から負けた後のことを考えているようでは、転がるものも転がらない。勝利を渇望して、全身全霊をかけて取り組んだのであれば、その結果がどうであれ、いずれ何かしらの形で報われるはずだ。

格闘技界では、1976年に行われたアントニオ猪木さんとモハメド・アリの一戦がその最たる例と言える。当時、プロレス界のエースだった猪木さんと、ボクシングの世界へビー級王者であるアリが対戦した異種格闘技戦。試合開始から猪木さんがリング上で寝た状態になり、アリの脚を蹴り続けた。最後まで猪木さんが寝て、アリが立ったままで噛《か》み合わない。試合はドロー決着となった。当時は「世紀の凡戦」「茶番」と散々酷評された。

だが、40年経った今になって、その試合は再評価され、様々な角度で語られている。最近は、世間から一度袋叩きにされただけで消えてしまうタレントや政治家が多いが、「スキャンダルはチャンス。転がして商売にする」ということはエンターテインメントで生きていく人間にとっては鉄則だと思う。

結局、周りの評価なんて、株価と同じようにどうなるかわからない。上がったり下がったり気まぐれなものだ。10年間プロ格闘家をやってきて、称賛されたり、批判されたり、散々経験してきたが、人の目なんてつくづくいい加減なものだというのが僕の結論だ。

つまり、今「最悪だ」と周りから言われる仕事も、後にものすごく評価されるかもしれない。**大事なことは周りの評価に惑わされることなく、信念を持って仕事を続けることだ。**

自分がブレずに仕事を続けていれば、過去の失敗は、未来で変えることができる。**今の地獄も、これからの努力次第で、財産に変えることができると思う。**

大衆と添い寝する。

新日本プロレスのオーナーである木谷高明さんが語った「すべてのジャンルはマニアが潰す」という言葉がある。

僕が大衆を意識するようになったきっかけは、「ＤＲＥＡＭ」時代のテレビ中継だった。**テレビ局員たちと関わることで、彼らの視聴率１％に対する思いを、ひしひしと感じることができた。**

地上波中継をする場合、普段は格闘技を見ないような視聴者からも受け入れられなければいけない。相手を倒して、足関節をひねって勝ったとしても、お茶の間からは「アイツはズルい」と言われることもあったりする。格闘技界からすると、すごく評価の高いような試合でも、大衆から見ればつまらない場合は少なくない。

僕が「修斗」時代に15万円や20万円というファイトマネーで戦っていたときは、一目見ただけではわからない動きにも、コアなファンは喜んでくれた。相手を抑え込めば、沸いてくれるのだから、選手は対戦相手に勝つことに集中するだけで良かった。

ところが、中継が入るようなメジャー団体で相手を抑え込むと、「何しているんだ。動け動け」と言われてしまう。当時は、「ここで数字が落ちている」と、テレビ局員からはっきりと言われることもあった。

僕は、勝つことに全神経を注いでいるのだから、数字がどうなっているかなんて関係ない。正直うっとうしくも感じていた。

だが、中継がなくなってはじめて、彼らのありがたみを実感するようになった。テレビ放送があるのとないのとでは、ファイトマネーも大きく変わるし、世間の反響も全く違う。

視聴率なんか気にせず、わかってくれるファンだけに向けて試合をするのは心地よいかもしれないが、内輪のインディー団体でやっていた頃に戻りたいとは微塵《みじん》も思わない。

結局、格闘技はショービジネスだ。マニアックなファンだけを相手にしていても、メシを食っていくことはできないと痛感させられたわけだ。

プロの世界では、ファイトマネーがその選手の評価になる。1試合で1億円のファイトマネーがつけば、その選手には1億円の価値があるということ。

お金そのものにはそこまで執着していない僕だが、自分にどれほど価値があり、評価されているかがはっきりと可視化されるだけに、評価基準としてのお金にはこだわっている。

僕は格闘技が好きだからやっているけれど、「やりがい」だけがあればいいとは思わない。**格闘技をやっていることに誇りを持っているからこそ、自分に払われる金も追い求めていかなければならないのだ。**

はっきり言うが、プロは金がすべてだ。稼げない格闘技選手など、プロではない。そういう思いがあるだけに、ボクシングの亀田一家は純粋にすごいと感じた。

40%を超える試合のテレビ視聴率（2009年の内藤大助VS.亀田興毅戦において、関東地区で43・1%を記録）は、日本格闘技史上に残る怪物的な記録。大きな注目を浴びたことで、ボクシング界に大きな恩恵をもたらしてきたと言える。

亀田一家によって、表舞台に出てきたボクサーは少なくない。亀田と戦った外国人もファイトマネーが支払われたわけだから、誰も損していない。自分たちでマーケットを生み出し、みんなを潤わせる。あれこそプロだと思うし、格闘技界とテレビが関わった例としては、大成功モデルのひとつだと言える。当然、「一緒にするな」という現場の声はあるだろうし、良い面ばかりではないのはわかっている。だが、亀田一家が出る大会によって、他の多くの選手も試合ができたということは見落としてはいけない事実だ。

チャンピオンにもかかわらずアルバイトをしているような、「やりがい」だけで戦ってきた選手たちが注目を浴びたのも、亀田一家のおかげ。彼らを好き嫌いで語るのは問題ないと思うが、彼らを否定するべきではないだろう。

プロである以上、すべては金で判断される。

僕は今でもまだ稼げていないと思っている。金銭的欲望ではなく、ファイターとしての自分の価値を上げるために、狭い世界の自己満足では終わりたくない。
僕はもっともっと大衆に迎合し、そこから生まれる金にこだわりたい。

すべての行動に、
意味を見出す。

コーチから与えられる練習メニューを機械的にこなす選手は多いが、**僕はすべての練習に意味を見出した上で臨んでいる。**

たとえば、僕は科学的ではない理不尽な練習もあえて自分に課している。

試合というものは殺すか殺されるかといった状況下で行われるから、最終的にはテクニックや戦略ではなく「相手を容赦なく殴る」「腕をへし折る」という本能的な気持ちの部分が重要になってくる。

僕自身、理詰めで勝利を狙うと同時に、その精神をすごく大切にしている。**技術が高くなることで戦い方がうまくなると、メンタルをおろそかにしがちになるが、常に「勘違いするな」と自分に言い聞かせている。**

格闘技というものはあくまでも、リングの対角線上にいる人間をぶっ倒す戦い。いつでも、そのシンプルな原点に立ち返るようにしている。

試合というのは技術を交流する発表会ではなく、行き着くところはファイトでしかない。どんなに汚いパンチ、どんなに下手な技でも相手を失神させれば良い、関節をひねれば良い。だからこそ、**理屈ではない気持ちの部分が、非常に大切になってくるのだ。**

普通に生活している中で、誰かを「叩きのめしてやろう」という感情は、なかなか湧いてくるものではない。イラっとする感情が生まれたとしても、それは瞬間的なもの。

試合に至るためのメンタルづくりというのは、非常に難しく、一人では限界もある。

そこで**有効なのが、練習で苦行を強いられるということだ。**僕が試合前に、シンガポールで合宿を行うのはそのため。言葉の通じない孤独な環境で、トレーナーに指示される負荷の高い練習をこなすことによって、毎日自分にストレスを与え続ける。連日苦しい練習を続けていると、「なんでこんなつらいことをしないといけないんだ」という感情が生まれてくる。その負の感情は、「アイツのせいだ」という対戦相手に殺意をぶつける動機づけになるのだ。

パフォーマンスだけを考えたら、もっと合理的な練習方法もあり得るはずだが、僕は試合で戦うメンタルをつくる上で、根性論のような理不尽な練習をあえて組み込んでいる。あまりのつらさに、時には泣きながらメニューをこなすこともあるが、試合で勝つためには、練習ではどんなに不格好でもいいと思っている。

また僕は普段の練習では負けることが珍しくない。

総合格闘技ではオープンフィンガーグローブを着用するが、ボクシングなどのグローブと比べ、かなり小さく、薄い。日常からこのグローブで練習をしてしまえば、すぐに重傷を負ってしまうため、普段の練習では、大きい厚手のグローブやすね当てをつけるのだ。

練習では無類の強さを誇りながら、試合ではサッパリ勝てない選手もいるが、その多くは実際の試合を想定しないで練習を積んでいる。練習用の防具をつけてダメージが少ないのをいいことに、試合ではあり得ないような近距離戦で、リスクを負った攻撃を仕掛けてきたりするのだ。

僕は常に実戦を想定した練習をするようにしているから、練習でだけ通用する攻撃をしてくる彼らとやると劣勢になることが多い。

寝技練習でも、僕は常に打撃を受ける可能性を考えて、スパーリングをする。当たり前だが、総合格闘技では、相手と寝技だけでやり合うシチュエーションはあり得ないからだ。

多くの選手は寝技練習では寝技で勝つことだけを考える。しかし、そこで勝ちを積み重ねることには何の意味もない。

僕は常に試合を意識しているので、練習のための練習をしている選手に負けることもあるが恥ずかしいことだとは思っていない。大事なのはあくまでも試合だ。試合で勝つために練習があるという大前提を忘れないようにしている。

くだらない見栄で、練習でも負けたくないと変な意地を持つ選手が多いが、そんなものは成長する上では邪魔なだけ。

必要なのは、すべての行動の意味を間違えないこと。周囲の目を気にし、練習で恥をかけない選手はいつまで経っても強くなれない。

誰も進まない道を行く。

僕は変化を恐れない。

中学時代に柔道部以外にクラブチームの練習に通っていたように、自分の全く知らない世界に飛び込むことには積極的だ。今でも総合格闘技以外にプロレスの大会にも出場しているし、練習ではムエタイの世界チャンピオンに教えを乞うこともある。

映像を見ることに関しても、格闘技マニアと言っていいぐらいだろう。練習以外の時間があれば、世界各国で行われている試合をインターネットでチェックして、過去の戦いもビデオを取り寄せ、歴史を遡って研究したりもする。

総合格闘技は、様々な競技の要素が複雑に絡み合っているから、僕が取り入れられる技術はまだまだある。柔道からはじまった格闘技人生だが、プロアマ関係なく、いろんなジャンルに触れてきたことで、僕の中には多彩なエッセンスが、間違いなく蓄積されているはずだ。

レスリングで北京オリンピックにも出場して、その後に総合格闘技に転向したベン・アスクレンという選手から、こんな話をされたこともある。

「シンヤ・アオキはカレッジレスラーではないが、カレッジレスリングの技術を使っている。アメリカのカレッジレスラー以外では、それができるのはアオキだけだ」

彼とは一緒に練習をしたこともあり、会えば話す間柄だけれど、僕自身は彼から直接カレッジレスリングの技術を学んだわけではない。では、なぜ僕がカレッジレスリングの技術を会得できたのか。それは、アスクレンと出会う前から、彼の試合をビデオで見て研究し続けていたからに他ならない。違う世界からの学びは、練習や映像だけではなく、試合で対戦した相手からも存分に得られる。

勝ち負けは別にして、僕は毎試合、対戦相手から何かを取り入れようと意識している。

立ち技中心の選手だったら、その打撃や距離感を学べるし、レスリングや柔術ならば、柔道とは違う寝技のテクニックを手にすることができるわけだ。格闘技は魂をぶつけ合っているような競技でもあるから、戦った人間同士でしかわからないような学びがある。技術の他にも、レジェンドと呼ばれるような、偉大な選手の雰囲気や歴史に触れることは、自分にファイターとしての厚みをもたらしてくれる。

　様々な競技の要素を取り入れることは、自分の地力に繋がること以外に、対戦相手の対応策も兼ねている。**総合格闘技では様々なバックボーンを持つ選手と対戦することが多いけれど、自分に十分なケーススタディが蓄えられていれば、初対戦でも面食らうことはない。**

　変化を恐れずに、様々な競技に触れてきたことは、結果として、「逆張り」の発想をする上でも、大きく生かされることになった。

みんなのやっていないことをやった方がいいという「逆張り」の発想は、全然勝てなかった中学校の柔道部時代から変わっていない。

流行の逆をいくことは、リスクがないわけではないし少数派だ。この道で合っているかどうかと思うと不安もある。しかし、流行を追ったら先にはじめた人間に一日の長があるもの。**みんながやっていることに、「流行りだから」といって乗っかっているようでは、圧倒的に遅い。**種は先にまいておかないといけないのだ。

僕は今でも、世の中の傾向を見ている。総合格闘技は「何でもアリ」だから、これまで寝技が流行ることがあったり、立ち技が重要視されたり、その都度トレンドが変わってきた。今はアメリカの「ＵＦＣ」を中心にレスリングの時代がきているが、これから先は足関節技の時代がくるのではないかと考えている。

もしかしたら、予想が外れるかもしれない。でも、「周りがこう思っている」「こう考えている」と仮説を立て、「だったら、実はこっちに穴があるな」と発想する。

その精度をいかに上げるかが重要で、それは、どれだけ多くの情報、感性に触れてきたかにかかっている。

周りが行く方にはもう美味しい果実は残っていない。誰もが見ていない裏山にこそ、人知れず足を踏み入れるべきだ。

第5章

他人の「幸せ」に乗らない

自分にとって幸せは何か、はっきりと言える人はどれくらいいるだろう。誰かと同じような夢をただ口にして、他人の幸せの基準に合わせていては、いつまで経っても自分の人生を生きることはできない。誰がなんと言おうが自分がよければそれでいい。

セックス・
ドラッグ・
カクトウギ。

格闘技は麻薬だ。試合で得られる興奮は凄まじい。

「殺されるかもしれない」という恐怖心に打ち勝ち、相手を絞め落としたときの快感は、セックスやドラッグ、他のどんな行為よりも気持ちいいものだと思う。

試合に勝った瞬間は、感情が一気に解き放たれる。試合に至るまでの恐怖や不安が、膨らめば膨らむほど、試合直後の感情の振れ幅は大きくなる。

リング上で勝者のアナウンスを聞き、記念撮影を終えて控え室に戻れば、ドクターチェックが待っている。事務的な処理をこなし、徐々にクールダウンして頭が冷静になってきた頃、僕はシャワーを浴びる。まさしく至極の時と言える瞬間だ。

試合までの、のたうち回るほど苦しんだ数カ月間を、すべて洗い流してくれる。もうつらく苦しい思いをしないでいい。**生死をかけた仕事をやり切り、憂鬱な日々から解放される感覚は、格闘技以外では味わえない唯一無二の体験と言える。**

高揚感はなかなか静まることはなく、試合当日の夜はほとんど寝ることができない。選手によっては、そのまま夜の街に出ていくこともあるというが、僕は家で横になって、「まだ生きている」という安堵《あんど》感を噛みしめる。僕にとって絶頂の時間。全く疲れを感じることはなく、ナチュラルドーピングと表現できそうな感覚に浸ることができる。

その特別な感覚も1週間ほどで緩やかに終わっていく。そして、再び日常に戻ったとき、あの感覚をもう一度味わいたい、そのために試合をしたいという気持ちに襲われる。体中が沸き立つような飢餓感に襲われ、身悶《みもだ》えする。苦しい練習と試合での爆発。抑圧と解放。脳に何か危ない物質が出ているような、その特別な快感を繰り返し求めてしまうのだ。それほどまでの感情をもたらす興奮は、時として暴走することもある。

2009年の大みそか、廣田瑞人選手との一戦のことだ。

あの大会は、僕が所属する「DREAM」と廣田選手の「戦極」という2団体が、対抗戦という形で対戦した。僕と廣田選手は両団体の王者同士。試合は、大将戦という位置付けで組まれていた。様々な遺恨がぶつかり合うシチュエーションで、それまでの勝敗は大将戦を残して全くの五分。団体戦としての勝ち負けも、僕の試合にかかっていた。

観客で埋まる会場全体が殺気立つ、異様な雰囲気の中で行われた一戦は、僕が1ラウンドでアームロックを極めて勝利した。

ところが、技が極まっていながらレフェリーは止める気配がなく、相手のセコンドもタオルを入れてこなかった。僕は技を極め続け、相手の腕を折った。

試合の最中は冷静に戦うことができていたが、**勝った瞬間に感情が一気に解き放たれて、骨が折れ、倒れている相手の顔の前に中指を突き立てた。**

あのときは完全に意識が飛んでいた。徐々に興奮が醒《さ》め、意識が戻ってきたが、中指を立てている自分にかなり動揺してしまった。

自分でも未熟だったと思うが、そのまま平常心を失って、舌を出し中指を立て続けた。当時は世間や業界からかなり批判を受けたし、褒められた行為でないことはわかっている。しかし、試合前に苦しい思いをしていればしているほど、勝利直後に完全にイってしまうのだ。

僕はデビュー戦からこの快感を味わい、中毒的と言っていいほどに勝利を求めてきた。しかし、良くも悪くも、その感覚を年々感じづらくなっている。麻痺《まひ》しているとも言える。

キャリアを積み上げたことで、試合直後の感情もコントロールできるようになってきた。今では、バックステージに入るまで、感情を解き放つことはなくなっている。マイクパフォーマンスやリング上での撮影でも、どこか客観的に勝者を演じているような意識だ。

僕は今後の戦いにおいて、廣田戦後のように取り乱すことはないはずだ。どれほどのビッグマッチや強敵相手だとしても、試合後に抑えきれないような感情が湧いてくることはないだろう。

それが成長なのか、老いなのかはわからない。ただ、**いつかは試合後に何の感情も生**

まれない時がくるはずだ。それが40歳なのか、50歳なのかはわからない。その時が僕の格闘技をやめる瞬間なのだとは思っている。

夢を軽々しく口にするのは詐欺と同じである。

僕は、夢は叶わないものだと考えている。

もちろん、夢や目標を持つことを否定するつもりはない。夢に向かって努力しているということ自体に価値を見出し、人生を豊かに生きるという考え方もあるかもしれない。だが、本当に実現したいと願うのであれば、具体的な過程を描けない夢など、すぐに壁にぶち当たるだけ。むしろ、壁にすらぶつかれずに、あっさりと終わることの方が多い。

格闘技界には、「UFC挑戦」や「世界チャンピオンになる」という夢が溢れ返っている。**多くの選手が仰々しい言葉を語るが、ほとんどの場合が口だけだ。**

僕は世界のレベルを知っているからこそ、計画性もなく「世界」を語る選手を詐欺師と見ている。当人は純粋な気持ちであっても、僕にはスポンサーを集めるための「世界一を目指しますビジネス」と思えてしまう。

はっきり言えば、夢や目標を達成しようとするのならば、地道に努力を続けるしかない。その上で、運や素質といった自分の努力以外の部分にも翻弄されながら、大半の人間が夢破れている。

夢なんて叶わないものだと思っているからこそ、僕は自分のキャリアを現実的に積み上げてきた。

ファイターが生涯戦える試合を40戦とするならば、1試合が40年間働くサラリーマンの１年分に当たる。大卒の生涯賃金と言われる３億円を、選手生活だけで稼ぐと考えるのであれば、大雑把な計算で１試合のファイトマネーを８００万円に設定する必要がある。そう考えれば、１試合とて無駄にすることはできない。

僕は引退を35歳と設定し、そこから逆算し、年間いくら稼がないといけないか考え、常にファイトマネーの交渉に臨んできた。

格闘技のキャリアは〝相手が築いてきた戦績を食う〟という側面があって、相手を倒せばその選手が今まで勝利してきた選手たちにも勝ったという意味にもなる。つまり、自分の価値を上げたいのであれば、リスクを取って、自分より実力と名前のある選手に勝たなければならない。対戦相手は通常、団体側が用意するものだが、僕は「ＤＲＥＡＭ」時代から自分のキャリアをつくることを考え、「こういう相手と対戦したい」「このレベルの相手を呼んでくれ」という交渉を重ねていた。

相手選手もランクによって金額が変わるので、「今回は４００万円クラスのあの選手を呼んでほしい」という細かな要望も出し、**自分の戦績を意識して積み上げてきた。**

強敵に勝利すれば自分の価値は上がる。だが、毎試合、格上の選手とギリギリの勝負をするわけにはいかない。**常にリスクを冒していては単なるバカだ。**

いかにして自分の市場価値を守り、上げていくかを考えると、普段は冒険せず、相性のいい相手、7割方勝てそうな選手を選ぶことが大事になってくる。

その中で、5試合に1度くらい〝勝負どころ〟を見極めて、格上選手と対戦する博打を打つ。僕の場合、それはブラジル人のJ・Z・カルバンであったり、アメリカ人のエディ・アルバレスになる。彼らとの試合は半分以上、負けるリスクがあった。でも、そこを乗り越えたことで今の地位があると思っている。

こんな計算ずくの僕の生き方を「夢がない」と言うのは結構だが、多くの夢を語る選手が僕よりも安く、弱いのはなぜだろう。悔しかったら、僕を超えてみてほしい。

闇雲に夢に向かっていくのは勝手だが、見当違いの努力をしていたら、いくら頑張っても意味をなさない。

どこまで守り、どこで攻めるか。自分の市場価値をいかに高めていくのか。そういったことを、自分自身を客観視しながら考えていかないといけない。

僕の考え方はスポーツ選手としては、つまらないかもしれない。雑誌のインタビュアーなどは僕にわかりやすい夢を語ってほしいんだろうなと思うときはある。

でも、「UFC挑戦」「世界チャンピオンになる」という言葉を信じてくれる人に対して責任を持とうとするのならば、そんなに簡単に「夢」を口にすることはできないと僕は思う。

皆にとって価値のあるものが自分にとっても価値があるとは限らない。

「青木さん、ＵＦＣに挑戦しないんですか？」

これまで何百回と聞かれてきた質問だ。なぜ、誰もがアメリカの「ＵＦＣ」を目指すのか――。

選手たちがそろって口にする、「夢」や「憧れ」という言葉は僕には全く響かない。

格闘技関係者には「本場ラスベガスでやってこそ本物」と語る人も多いが、僕は一度もそう思ったことがない。

確かに、世界最高峰と称されているレベルの高さはわかる。だが、何がすごいかを本質的に理解している人は、少ないのではないか。僕は、日本人に限らず実際に対戦したファイターが参戦しているから、どれほどのレベルかはわかっている（現ＵＦＣライト級チャンピオンは、一度勝利したことのあるエディ・アルバレス）。そんな僕から見ると、「みんながすごいと言ってるからすごい」という雰囲気も、少なからず感じてしまう。実際に他のファイターに「なぜ行きたいのか」と聞いてみると、決まって曖昧な答えしか返ってこないものだ。

今後、「ＵＦＣ」に参戦する可能性自体は否定しない。これまでもオファーをもらってきたし、常に選択肢には入っている。しかし、周りが「世界最高峰だ」と言っているという理由だけで参戦することはない。少なくとも、他団体が提示する条件の方が良ければ、参戦する意味はないと思っている。実際に２０１２年に「ＯＮＥ ＦＣ」からのオファーを選んだのは、「ＵＦＣ」より金銭面で好条件だったというのが理由の一つだ。

僕のことをロマンがない人間だと思う人もいるだろうが、「ＵＦＣ」に参戦するのに、劣悪な条件を飲まなければいけないのだとしたら、そこに何の意味があるのだろう。

これまでも多くの日本人選手が「ＵＦＣ」に挑戦したが、彼らは買い叩かれ、ファイトマネーをかなり下げられている。試合に同伴できるセコンドの人数も制限させられ、実力を発揮しにくい敵地での戦いを余儀なくされているのだ。挑戦や夢を追っていると言えば聞こえは良いが、望むような結果が出ていないのであれば、ハゲタカに食いつくされているだけとも言えるはずだ。

「ＵＦＣ」をはじめ、アメリカの格闘技団体は「ダメなら代わりがいる」というシステム。「ＵＦＣ」に参戦したファイターたちは、敗戦を重ねて評価を落とした状態で契約を解除されている。ボロボロにされた上で、捨てられてしまっているわけだ。

夢や憧れは人を盲目にするのかもしれない。**ここまで粗末に扱われて、それでも「ＵＦＣ」を目指すのであれば、見栄か自分に酔っているだけではないのか。**ファンや関係者も、もしも自分の子供がどうしようもない劣悪な条件で働こうとしているのであれば、止めようとは思わないのだろうか。

家族を言い訳にするつもりはないが、僕には養っていかなければならない存在がいる。自分のポテンシャルや今後の可能性を冷静に考えた結果として、「UFC」に参戦するよりも恵まれた環境で戦う方が、理にかなっていると判断しているだけだ。言葉が通じて調整もしやすい日本や、所属ジムがあるシンガポールで試合に臨む方が喜びも大きいし、メリットも感じている。

勘違いされやすいが、僕は他のファイターが「UFC」に参戦することは尊重している。憧れを追うのも良いし、夢を見るのもいいと思う。ただ、僕がアメリカに対して一切夢や憧れを抱いていない以上、同じような理由で参戦することはあり得ないのだ。

既存の格闘技ファンの価値観だと、僕は本当に感情移入しにくい選手だと思う。

ファンのカタルシスに付き合うこともしないから、メインを歩くタイプではないんだと常々痛感している。実はデビューしたとき、自分が格闘技界でここまでの主要ファイターになるとは思っていなかった。自分のことは、メジャーとインディーの間を行き来するような、主役の横で茶化しているタイプだと考えていたが、気がついたらトップに立っている。

プロデビューからの10年で自分でも想像していなかった道を歩んできたように、今後の予想も全くつかないというのが本音だ。だから、「UFC」への参戦もするともしないとも、今の時点でははっきりと言えないのだ。ただひとつわかっているのは、どこが僕の上がるべきリングかを決められるのは自分だけだということだ。

一度しかない人生で、世間的な「幸せ」に惑わされている時間はない。

自分が人生をかけて打ち込めることを見つけられたら、人生の8割は成功だと思っている。

やっている方が楽しめなければ、お客さんは絶対に楽しくない。自分がワクワクしないものは、お客さんもワクワクしない。自分が熱狂しているから、見る者の胸を強く打つんだと思う。

僕は本当に幸運なことに、格闘技に出会うことができた。プロデビューしてから今まで、もちろんつらいことがなかったわけではない。微々たるお金しかもらえなかったり、所属団体がなくなったこともある。世間から激しいバッシングにさらされたこともあった。苦い経験が多かったのは事実だ。

その上、格闘技界は椅子の数が極端に少ない椅子取りゲームでもある。

格闘技バブルが弾けて多くのファイターが行き場を失い、椅子が空くことはない。椅子の数はどんどん減っていき、なおかつ新たなファイターも入ってくる。そうなれば、少ない椅子を大人数で奪い合わなければいけなくなる。

その中で僕は、**枠の外に椅子を探しに行ったということになるのだろうか。**

もしもひとつのシステムの価値観だけで生きてしまえば、心のよりどころになるのは、そのシステムでトップになることだけだと思う。それが「ＵＦＣ」であるならば、世界チャンピオンだけ。当然、トップになれるのは一人だけ。椅子取りゲームから脱落していったその他大勢は、屍《しかばね》でしかない。でも、**屍は幸せになれないのかといえば、屍だって幸せにならないといけないはずだ。そのためには、もっと自分なりの価値をつくり出して、追い求めていった方が幸せになれるのではないか。**

自分の人生において、自分の物差しを持つことができれば、幸せの道はひらけていくはず。誰が何と言おうが、自分が誇りを持てることをやる。そこに他人の価値観を持ち込んだら、不幸のはじまりになってしまう。

僕の場合は、自分で選んだものは納得がいくし、後悔することもない。だから、格闘技を選べて本当に良かったと思っているし、戦いの場をシンガポールに求めた選択も、正しい決断だったと思っている。判断を人に委ねずに、自分の価値観で納得して生きていけば、必ず幸せに近づけるはずだ。

僕は18歳で東京に出てきて格闘技に触れ、はじめての試合は20歳のときだった。23歳でプロ契約を結び、**10年間戦い続けてきた。その間に人ができないような経験をたくさんさせてもらった。その一方で、人が当たり前にするような生活はしてこなかった。**

酒は飲まないし、タバコも吸わない。仲間と集まって遊ぶこともない。食事にも行かなければ、高いものも買わない。これまで、本当に格闘技のためだけに、生きてきたと思う。

他人から見ればストイックと思われるかもしれない。だが、僕は自分がマットの上に立って、練習をできていることから、生きている実感を得られている。不満は全くないし、今の生活が許されるならば、ずっと続けていきたいと思っている。それくらい、選手生活は刺激的で楽しいことだ。

あなたが買った服は本当にあなたが欲しいものですか？　今晩飲みに行く友達は本当に大事な人ですか？　**僕から見ると、多くの人は不要な人やものを抱え込み、自らの価値観を見失っているように思える。隣の芝生が青く見えてしまって、何が自分にとっての幸せなのかぼやけてしまっていないだろうか。**

僕は格闘技をやること以外に幸せはない。他の人が欲しがるようなものは何も欲しくはない。少しでも今の生活を長く続けたいからこそ、真摯に全力で取り組んでいくつもりだ。

これからも、苦しいこともあるだろうし、うまくいかないこともあるだろう。負けることもあるかもしれない。

でも、やり抜くことが大切だと思っている。好きなことをやり抜き、やり切ったならば、どんな結果であれ受け入れることができるはずだ。

最後に一言。幸せに生きることは難しいことではない。
「空気」なんか読まずに、自分で人生を選べばいいだけだ。

おわりに

今でも試合前になると、得体の知れない感情に襲われる。

それは、腹の奥底から沸き上がり、渦を巻くようにどんどん大きくなっていく。血が逆流するかのように体中をめぐっていき、臓器や血管、皮膚をも突き破るかのように脈打っている。

そして風船のように膨らみ続けて、やがて身体全体とともに破裂してしまいそうになる。もしも口から吐き出すことができれば、どれほど楽だろうか。試合を迎える度に、そう考えていた。

この感情の正体は僕の中に潜む、不安であり、恐怖であり、怒りであると思っている。試合を目前にし、様々な思いが入り混じり、やり場のない感情として身体全体で抱えてしまうのだろう。

今回は自分の内に秘めていたその感情を、本の形にすることで表に出したことになる。これまでは弱い自分を隠すために、虚勢を張っていた部分もあった。それが更に自分を苦しめていたとも思う。

だが、今回思うままに書き連ねたことで、自分の中にある弱みや恥ずかしい部分もさらけ出してみた。カッコ悪いところを露呈したにもかかわらず、どこか心のつかえが取れた気分にもなっている。

本書の中で書いていることは、もしかしたら矛盾しているところがあるかもしれない。ただ、言い訳をするわけではないが、試合に臨む僕の心の中では、常に勝ちを信じる強い気持ちと負けてしまうのではないかという不安が同居している。日頃から相反する感情が揺れ動いている。だから、あえて文章としても、そのまま表現することにした。

また、現役選手にもかかわらず自分の集大成のような本を出版することに疑問を持つ人もいると思う。しかし、今だからこそありのままに記せることがあるのではないかという考えからこのような形に至った。格闘家としての精神状態の話は、現役だからこそ生々しく書けただろうし、業界の金銭面についても当事者として扱えたと思う。

人によっては僕の生き方をしたたかに感じたり、もっと言えば傲慢だと思った方もいると思う。

本書の内容については、読んだ人によって感じ方は様々だと思う。キレイごとを並べたわけではないから、いろんな捉え方が出てきて当然だと思っているし、そうあってほしいと願ってもいる。

僕は本書で記した通り、自分の足で生きることを大切にしてきた。自分が良ければ、それでいいと割り切って、生きたいように生きてきた。しかし、自分一人だけでは生きられないことも理解しているつもりである。

本書の出版は、多くの方々に尽力頂いた結果だった。関係者の方々には、この場を借りて改めてお礼を申し上げたい。

企画から編集までを手掛けていただいた箕輪厚介さん。構成を担当してくれた小谷紘友さん。チャトリ・シットヨートン会長をはじめ、シンガポールの所属ジムであるＥｖｏｌｖｅ ＭＭＡのみんな。そして、妻と３人の子供。

ここに記すことができなかった方々を含め、ここまで僕がこれたのは多くの人の支えがあったからこそだ。日頃からのサポートに、常に感謝している。

最後に読者の方々。拙著を手に取り読んで頂き、誠にありがとうございました。

２０１６年８月　青木真也

解　説――２０１９年の青木真也、あるいは無人島での仲間探し

三浦崇宏

　青木真也と関わるには覚悟がいる。ある時は試合に敗れ、悔しがる知人の選手を情報不足による当然の結果だと斬って捨てる。またある時は指導していた女子高生格闘家の敗北について、本人よりも大量に涙を流し自らを号泣中年と自嘲的に語る。かつて髙田延彦はＰＲＩＤＥのミルコ・クロコップとケビン・ランデルマンの試合の解説で「獰猛な野獣vs獰猛な精密機械だねぇ」と痺れるようなコメントを残したが、まさに青木真也は野獣としての自分と、精密機械としての自分とを行ったり来たりしている。そんな彼の人格の振り幅に向き合うのは、心の体幹がしっかりしていないと、あっという間に振り回されて、置いてけぼりにされてしまう。

２０１６年に出版されたこの本に書いてあることだってそうだ。「友達はいらない」「人と食事には行かない」「夢を軽々しく口にするのは詐欺」……身を切るような彼の本音が吐き出されている。一見暴論にも思えるが、それは合理的で誠実な、彼の生きる上での正論そのものだ。しかし、２０１９年の今、青木真也に会うとまた違う印象を受ける。誰に対しても礼儀正しく挨拶するし、格闘技界やプロレス界の出来事をビジネスや社会のトレンドに重ね合わせて語る。親しい友人あるいはアベマＴＶやＯＮＥの関係者と飯を食いに行くことだってわりとあるし。メディアに出るときは、セコンドについてくれる宇野薫がプロデュースするファッションブランドを身につけることを忘れない。友人である鳥羽周作シェフのお店ｓｉｏには月に一回は必ず親しい人と行っている。番組では毎回大喧嘩する桜井マッハ速人選手に対してもカメラが回ってないときは敬語を欠かさない（あれ、これ書いていいんだっけ？）。義理堅くてユーモアを忘れない。連絡だってマメな男だ。『空気を読んではいけない』を読んで抱くイメージとは少しばかり、いやぜんぜん異なる。本に書いてあることは嘘だったのか。いや、違う。この変化こそが、青木真也という不器用で真面目な男が、今の日本の社会と向き合い続けた軌跡そのものなのだ。

この本にも書かれているが、中学・高校・大学と柔道一筋に生きてきた彼はずっと孤独だったという。指導者も、友人も、彼と対等に会話を交わせるものはほとんどいなかった。強さを追い求めることが第一義とされる社会において青木真也は完全に異端だった。社会のトレンドと格闘技を関連させて思考する能力や、旧態依然とした格闘技界の慣習に異を唱える勇気も、自分の格闘技観を的確に言語化する力も、業界の大物を揶揄するユーモアも、格闘技を自らの表現と捉える姿勢も、全てがそれまでの格闘技界では求められることもないし、そもそもそういう能力や行為があることを想像されることさえない、特殊なものだった。自然に彼は孤立していく。それでも、「強くなりたい」「格闘技という自らの表現を世に問いかけることを続けたい」。そんな自身の情熱と周囲の無理解の狭間で身を切るように産み落としたのがこの本『空気を読んではいけない』だったのだとぼくは理解している。

近年の青木真也はSNSでの積極的な発信や、NewsPicksにおけるプロピッカーとしての活動や、アベマTVの番組「格闘代理戦争」における狂言回しとしての役割を果たすことで、格闘家としてはかなり一般層、ビジネスパーソンとの交流を持つようになっている。もともと20代からプロ格闘家として修斗やＰＲＩＤＥで活躍してきた彼には同世代つまり35歳前後のファンが多い。青木真也は常にニュースを作りながら戦い続けた。対戦相手のみならず業界全体に対しても挑発的な発言をし続けてきた。そんな彼からエネルギーをもらいながら自分なりのリングで戦ってきた同世代は、ぼくも含めて決して少なくない。

個人的な話になってしまうけど、ぼくは大手広告代理店に勤めていた時代、会社からあまり評価されず低予算の仕事ばかり回されていた。それでも奇抜なアイディアで世の中をひっくり返すような成果を出そうと躍起になっていた。それはまさに身体能力で恵まれていなかった青木真也が、誰も知らない関節技で海外選手を鮮やかに倒していく姿に自分を重ねていたのだ。そういう意味で、同世代のビジネスパーソンはようやく青木真也のいる場所に追いついたと言えるのかもしれない。その知性と誠実な姿勢故に格闘技界で孤立してきた彼は、今その知性と誠実な姿勢故に、多くのクリエイターやビジネスパーソン、そしてその先の社会との繋がりを作ることができている。かつて前田日明がハードヒット中心の試合スタイルにこだわり、新日本プロレスの他の選手が誰も付き合ってくれないことがあった。そんな中で藤波辰爾だけがその全てを受け止めて名勝負を繰り広げたとき、「無人島だと思ったら仲間がいた」と名言を残したが、もしかしたら最近の青木真也もそんなことを思っているのかもしれない。

それでは、他分野の人と交わるようになった今の青木真也は孤独ではないのか。そうは言えないだろう。彼は35歳。格闘技選手としてはベテランの域だ。この年齢でグローバル団体のトップ選手として活躍する日本人はこれまで一人としていなかった。技術の進化も、格闘技ビジネスの変化も加速し続けている。体力的には20代の頃がピークと言われている。日本の格闘技の練習環境は決して恵まれているわけではない。そんな逆境の中で、２０１９年現在、格闘技選手という道の最先端を青木真也は歩み続けている。それは荒野に道を作る行為であり、暗闇でジャンプし続けることにほかならない。孤独でないはずはない。

しかし、道の先端を行くものはいつだって孤独なのだ。それは格闘技選手という道を歩む青木真也にのみ言えることではない。ビジネスにおいても、アートやクリエイティブの世界においても、同じことだと言えるだろう。誰も見たことがない景色を見たいのならば、たった一人、道なき道の先をただただ犀の角のように進み続けなければならない。その時、少しでも支えになるものがあるとしたら、どこかで同じように、ただ独り、道の先端を歩み続けるものがいるという事実だ。その道は時に一瞬だけ交わることもあるかもしれない。もしかしたら一生交わることはないのかもしれない。しかし、その事実を知っていることは暗闇を微かに照らす心の灯になる。

この本は2016年の青木真也が孤独な道を歩みながら、世界に対して照れながら、もしかしたら少しおびえながら、発した照明信号なのだ。だからこそ、この本はそれぞれの孤独な道を歩む繋がりのない仲間たちに勇気を与える。ぼくたちは確かに孤独だ。だが孤独なのはぼく一人ではない。あなただけでもない。この事実がなんと心強いことか。

2019年3月31日、青木真也は両国国技館でONEのタイトルマッチに出場する。彼が日本国内で総合格闘技の試合をするのは実に4年ぶりのことだ。グローバルの格闘技団体のタイトルマッチに日本人が挑戦する試合が日本で行われることは格闘技史上初めてのことだ。また彼は、自身で道の先を踏みしめて、たった独り歩もうとしている。

試合の結果がどうなるか、そんなことは知らないし知ったこっちゃない。しかし、確実に言えることは、青木真也はそこで道の先端を歩むものとして自分の全てをさらけ出すだろうし、ぼくはぼくの道を独り行くものとして観客席にいるということだ。この本を読んだあなたが、もし自分の道を歩み続ける孤独な独りなのだとしたら、足を運んでみるのもいいかもしれない。もしかしたら、号泣中年、青木真也と目があうかもしれない。その時何を思うだろうか。いずれにせよ、青木真也の人生も、ぼくの人生も、あなたの人生も、孤独に道を歩み続ける限り、答えあわせはまだ先のことだ。道の先で、すれ違うこともあるだろう。

3月31日、両国国技館の観客席で一緒に、声をからすことができたら嬉しいよ。

２０１９年　２月

——株式会社ＧＯ　代表取締役

この作品は二〇一六年九月小社より刊行されたものです。

幻冬舎文庫

●最新刊
芸人式新聞の読み方
プチ鹿島

新聞には芸風がある。だから下世話に楽しんだほうがいい！　擬人化、読み比べ、行間の味わい……。人気時事芸人が実践するニュースとの付き合い方。ジャーナリスト青木理氏との対談も収録。

●最新刊
多動力
堀江貴文

今、求められるのは、次から次へ好きなことをハシゴしまくる「多動力」を持った人間。一度に大量の仕事をこなす術から、1秒残らず人生を楽しみきるヒントまで。堀江貴文ビジネス書の決定版。

●最新刊
かぼちゃを塩で煮る
牧野伊三夫

胃にやさしいスープ、出汁をきかせたカレー鍋、残りめしで茶粥……台所に立つことうん十年、頭の中は食うことばかりの食いしん坊画家が作り方と愉しみ方を文章と絵で綴る、美味三昧エッセイ。

●最新刊
おひとり様作家、いよいよ猫を飼う。
真梨幸子

本が売れず極貧一人暮らし。「いつか腐乱死体で発見される」と怯えていたら起死回生のヒットが訪れた！　生活は激変、なぜか猫まで飼うことに。〝女ふたり〟暮らしは、幸せすぎてごめんなさい♥

●最新刊
一〇五歳、死ねないのも困るのよ
篠田桃紅

長く生きすぎたと自らを嘲笑する、希代の美術家、篠田桃紅。「歳と折れ合って、面白がる精神を持つ」「多くを持たない幸せ」。生涯現役を貫く著者が残す、後世へのメッセージとは？

空《くう》気《き》を読《よ》んではいけない

青《あお》木《き》真《しん》也《や》

平成31年4月10日　初版発行

発行人――石原正康
編集人――高部真人
発行所――株式会社幻冬舎
〒151-0051東京都渋谷区千駄ヶ谷4-9-7
電話　03(5411)6222(営業)
　　　03(5411)6211(編集)
振替00120-8-767643
印刷・製本―株式会社　光邦
装丁者――高橋雅之

幻冬舎文庫

ISBN978-4-344-42847-8　C0195　あ-71-1